汽车行业零距离上岗指导丛书

汽车谈判与推销技巧

主　编　罗　双
副主编　贺展开
参　编　何　静
主　审　刘智婷

机 械 工 业 出 版 社

本书主要介绍汽车推销技巧的相关知识。其内容包括掌握在手及成为高手、你的汽车市场在哪里、寻找属于你的客户、与客户初次联系、如何作有吸引力的车辆介绍、如何撰写有说服力的建议书、嫌车才是买车人、时机成熟促成交易、如何从优秀迈向卓越等。

本书适合高职高专、中专院校的汽车营销、汽车保险与理赔等相关专业学生使用，也可用于成人高等教育以及培训教学使用，还可供汽车维修工人、驾驶人、汽车行业从业人员以及汽车爱好者阅读参考。

图书在版编目(CIP)数据

汽车谈判与推销技巧/罗双主编. —北京：机械工业出版社，2012.6
(2024.8重印)
(汽车行业零距离上岗指导丛书)
ISBN 978-7-111-38104-4

Ⅰ.①汽…　Ⅱ.①罗…　Ⅲ.①汽车—推销　Ⅳ.①F766

中国版本图书馆CIP数据核字(2012)第073995号

机械工业出版社(北京市百万庄大街22号　邮政编码100037)
策划编辑：徐　巍　责任编辑：徐　巍　赵海莲
版式设计：石　冉　责任校对：王　欣
封面设计：陈　沛　责任印制：常天培
固安县铭成印刷有限公司印刷
2024年8月第1版第8次印刷
184mm×260mm・11.25印张・278千字
标准书号：ISBN 978-7-111-38104-4
定价：29.80元

电话服务	网络服务
客服电话：010-88361066	机　工　官　网：www.cmpbook.com
010-88379833	机　工　官　博：weibo.com/cmp1952
010-68326294	金　　书　　网：www.golden-book.com
封底无防伪标均为盗版	机工教育服务网：www.cmpedu.com

前言

近年来，我国机动车保有量持续快速增长，且私人拥有量增速明显。截至2011年9月，全国机动车保有量已达16803万辆，全国私人机动车保有量为12768万辆，占机动车总量的75.99%。随着我国汽车市场的迅猛发展以及国内汽车市场和国际汽车市场的迅速接轨，我国汽车市场上出现了“国际竞争国内化”和“国内竞争国际化”的局面。

对于国内外各大汽车企业而言，汽车市场的迅速发展意味着机遇和挑战。要想在汽车销售市场竞争中立于不败之地，就必须要培养高素质的汽车销售人才。而现代的销售人才必须具备较强的销售实战技巧。这就需要对销售人才进行专业化、职业化培训。

本书从汽车销售顾问应掌握的基本技巧着手，逐步深入地对汽车销售顾问的专业化销售方法进行较为全面的阐述。本书语言简洁，图文并茂，突出工学结合的特色，注重职业工作岗位的要求，特别强化了职业能力的提高和综合素质的培养。本书各章均提供了学习要点，并通过每个学习要点，使读者掌握必需的销售理论和技巧，实现理论与实践的高度融合。

本书系统地介绍了现代汽车销售方法、技巧，其内容包括掌握在手，成为高手，你的汽车市场在哪里，寻找属于你的客户，与客户初次联系，如何作有吸引力的车辆介绍，如何撰写有说服力的建议书，嫌车才是买车人，时机成熟促成交易，如何从优秀迈向卓越共九章。

本书由湖南交通职业技术学院罗双任主编，贺展开任副主编，何静参编，刘智婷任主审。编写成员及分工：罗双编写前言及第1~5章；贺展开编写第6~9章；何静负责参考文献的编写和全书的统稿工作，刘智婷负责全书的审稿工作。

由于编者水平所限，书中难免存在错误或疏漏之处，欢迎使用本书的广大师生和读者批评指正。

编　者

目　录

第 1 章　掌握在手，成为高手

学习目标：

- 掌握推销的基本概念。
- 掌握沟通的四个基本技巧。
- 掌握汽车推销八步法。
- 掌握七项销售技能测试的内容。

1.1　汽车推销，勇者的职业

情景案例引导：1

将木梳卖给和尚

木梳是用来梳头发的，和尚是没有头发的，怎么才能让和尚买木梳呢？这是一家公司在招聘业务主管时的一道面试题。以下是对这个销售小故事的详细介绍。

一家大公司扩大经营招业务主管，报名者云集。招聘主事者见状灵机一动，相马不如赛马，决定让应聘者将木梳卖给和尚。以 10 天为限，卖的多者则胜出。绝大多数应聘者愤怒地说：出家人要木梳何用？这不是拿人开玩笑嘛，最后只剩下三个人应试。

10 天一到。主事者问第一个回来的应试者："卖出多少把？"回答是："1 把。"该应试者历经辛苦，直到找到一个有头癣的小和尚才卖出一把。

第二个应试者回来，主事者问："卖出多少把？"回答是："10 把。"该应试者跑到一座著名的寺院，找到住持说山风吹乱了香客的头发，头发不整齐是对佛的不敬，住持才买了 10 把给香客用。

第三个应试者回来，主事者问："卖出多少把？"回答是："1000 把。不够用还要增加。"主事者惊问："怎么卖的？"

该应试者说："我到一个香火很盛的深山宝刹，香客络绎不绝。我找到住持说，来进香的善男信女都有一颗虔诚的心，宝刹应该有回赠作为纪念。我有一批木梳，住持书法超群，可以刻上"积善梳"三个字作为赠品。住持大喜，我带的 1000 把木梳全部要了。得到梳子的香客也很高兴，香火更加兴旺了，住持还要我再卖给他梳子。"

启示：把木梳卖给和尚，听起来匪夷所思，但在别人认为不可能的地方开发出新的市场，那才是真正的营销高手。不同的思维，将引领不同的做法，从而导致不同的结果。

点评：这是一个关于三个业务员的销售小故事，对于同一个市场，三个业务员的态度却截然不同，这是值得所有从事市场开拓的业务员一看的销售小故事。

情景案例引导：2

鞋子的故事

两家鞋业制造公司分别派出了一名业务员去开拓市场，一个叫杰克逊，一个叫板井。在同一天，他们两个人来到了南太平洋的一个岛国，到达当日，他们就发现当地人全都赤足，不穿鞋。从国王到贫民、从僧侣到贵妇，竟然无人穿鞋子。

当晚，杰克逊向国内总部老板拍了一封电报："天呀，这里的人从不穿鞋子，有谁还会买鞋子？我明天就回去。"

板井也向国内公司总部拍了一封电报："太好了！这里的人都不穿鞋。我决定把家搬来，在此长期驻扎下去！"两年后，这里的人都穿上了鞋子……

启示：善于发现机遇，发现市场，成功与否就在一念之间。

点评：许多人常常抱怨难以开拓新市场，但事实却是新市场就在你的面前，只不过你没有发现这个市场而已。

1.1.1 推销的基本概念

推销是一个古老的名词，是人们所熟悉的一种社会现象，它是伴随着商品交换的产生而产生，伴随着商品交换的发展而发展的。它是现代商业经营活动的一部分，也是整个市场赖以运作的一个相当重要的环节，渗透在人们的日常生活之中。推销就其本质而言，是人人都在做的事情。人类要生存，就要交流，也就是在交流中彼此展示着自身存在的价值。世界首席保险推销员齐藤竹之助在几十年的实践中总结出的经验是，"无论干什么都是一种自我显示，也就是一种自我推销。"

但由于历史和现实的原因，有些人对推销有着种种误会和曲解，甚至形成了习惯性的思维，总是把推销与沿街叫卖、上门兜售以及不同形式的减价抛售联系在一起。将推销和夸大、欺骗画上等号。这种错误的认识，使人们忽视了对推销活动规律的探讨和研究，也影响了优秀职业推销队伍的建立。因此，正确认识推销，是熟悉推销业务、掌握推销技巧的前提。

随着社会的变迁，推销的含义也在不断地演变。在社会发展的不同阶段，人们对推销有着不同的理解和认识。

那么，到底什么是推销呢？我们可以从狭义和广义两个角度来阐述，如图 1-1 所示。

1.1.2 推销的三要素

推销包括三要素：推销主体、推销客体和推销对象，如图 1-2 所示。

1.1.3 推销的职业特点

推销有以下职业特点：

1）推销是可以让人充分发挥自主性和表现自我的职业。

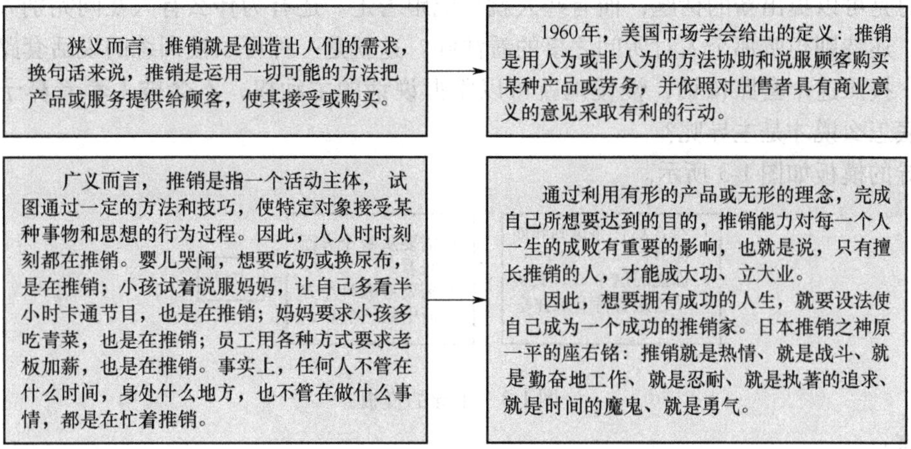

图 1-1　推销的广义和狭义概念

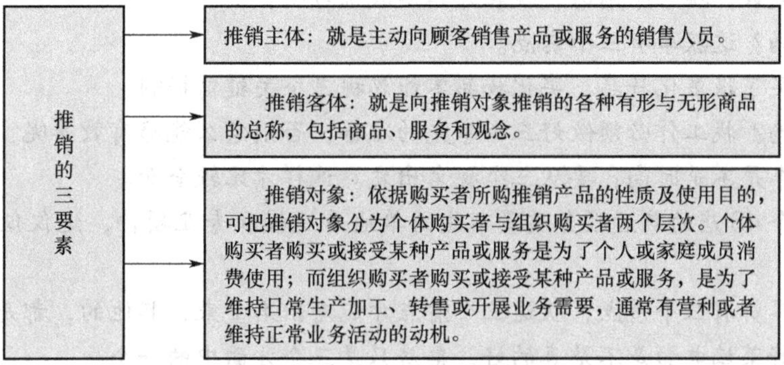

图 1-2　推销三要素解析图

2）推销是可以靠智慧和坚强的意志取得成功、赢得自由的职业。

3）推销是不断迎接新的挑战的职业。

4）推销是可以获得高额收入的职业。

5）推销是以助人为乐，同时又能使自己精神得到满足的职业。

6）推销是可以不断完善自我的职业。

1.2　沟通的四个基本技巧

所谓基本功一般都是看不见、摸不着的。例如，绘画艺术的基本功是观察，就是指眼力，是透视，而这些都是看不到的。销售的基本功就是与人沟通，如同培养一个数学家要从代数、几何、函数以及数论这四个方面入手一样，汽车销售顾问需要有以下四个方面的沟通技巧。

1. 主导

沟通的基本技巧之一是主导。主导是在与其他人的对话交谈中，不知不觉地控制谈话的主题及谈话的发展趋势和方向的一种谈话套路。

其实，只要你细心听别人交谈，很快就会发现交谈各方的说话水平是不一样的。为什么有些人总是可以提出新的话题，而有些人就只能跟着走。还有为什么有人在问完别人一些事情之后，还特别想听那个人对所问之事的看法呢？这就是一种可以被训练的说话套路、说话的模板。按照这个套路谈话，慢慢地就可以掌握说话的主动权，不会被人牵着鼻子走。那么，到底怎么说才是主导呢？

主导的模板如图1-3所示。

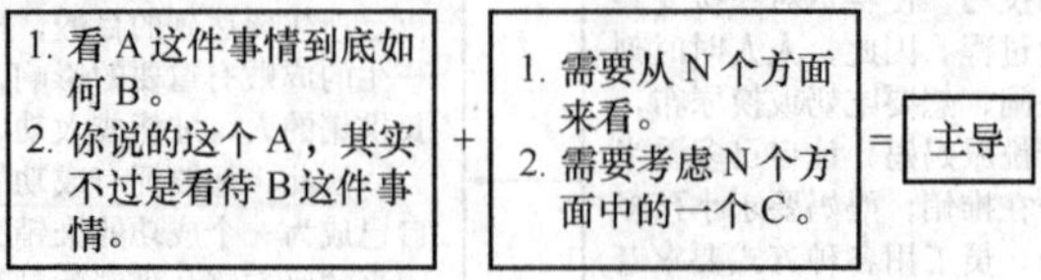

图1-3　主导的模板

案例：

你可以给你的朋友打一个电话，下面有很多说法，你都可以用。学习就一定要会模仿，模仿就不要怕失败。挑一个例句，现在开始实战练习吧！

- 你知道吗？这款车有三个卖点。
- 我看你买了很多化妆品，买化妆品不能忽视三个关键前提啊。
- 你知道吗？找工作必须做好三个事先的准备，否则怎么能够有效率呢？
- 看一辆车是不是时尚，要从三个视角出发。这样才比较全面。
- 衡量一个4S店的售后服务质量不能简单地看规模和专业硬件，这仅仅是四个衡量指标中的一个。
- 这次世界杯有三个看点，从这三个看点才能看出名堂来，其他的，都是乱看。
- 看一部好莱坞电影是不是真的好，票房只是三个方面中的一个。
- 你知道吗？25岁前不得不去的地方有十个。
- 这辆车的价格主要是由三个关键因素决定的。
- 衡量一个男朋友是否优秀，有三个要点，不然如何确保未来的幸福？
- 你知道吗？在外企，老板最讨厌四种人，你衡量一下，千万别是其中一种啊。

怎么样？有什么体会？有什么感觉？有没有想过还可以怎么说？或者换种说法又会是什么样的结果？

说话讲究的基本功就是选择内容，然后选择表达的次序，最后才是表达时的夸张、含蓄、抑扬顿挫等。

2. 迎合

沟通的基本技巧之二是迎合。迎合不是鼓励讲假话，是鼓励赢得对方的信任。迎合这一技巧中无任何的假话，讲假话就是说明没有学到迎合的精髓。一唱一和是迎合的最高境界。清朝乾隆年间的和珅，他对皇帝极尽奉承、迎合之能事。即使皇帝知道他曲意逢迎，还是对他委以重任。迎合就是一种说话的技巧，是有规律的。迎合在达到高超的境界时，对方完全听不出来你的话是故意说的还是发自内心的。那么，怎样说才可以让人感觉到不是假话呢？

迎合的模板如图1-4所示。

迎合就是承接对方话语的语意，形成顺应的语言背景，赢得宽容的交谈氛围。

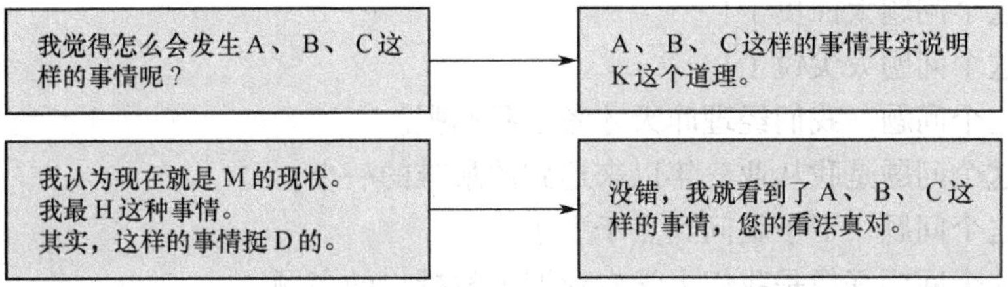

图1-4　迎合的模板

案例：

下面我们来分析一个关于迎合的例子。

潜在客户林先生：你说的这款车也太贵了！

销售顾问：您说得对。一般在1.2～1.6L这个排量范围来看，这款车的价格确实是高了点。比这个排量范围内价格最低的8、9万元贵了整整4万元，不过，这个范围内最贵的可是14.9万元呢。这款车的价格主要由三个关键因素决定：一个是车辆的安全性能；另一个是车辆的外形大小以及发动机的排量；最后一个就是制造商的品牌。不同价位的车相对应的安全配置、动力装置以及车辆的舒适配置都是不同的，要看您更在意的方面是不是包括在这几点之内。您最在意哪方面的配置呢？

销售顾问在回应客户的第一句话时，首先顺应了对方的语意。其实，对方表达的是个人在某种特定情景下的一种特定的观点，是以对事物下结论的形式表现出来的。销售顾问肯定了对方的观点，又不是仅仅认同对方的观点，还给出了详细的客观事实来证实客户的观点的确有合理的地方，帮助客户扩大了思考的范围。从心里接受程度的角度来说，客户没有听到反抗的声音，而是感觉到销售顾问和自己是一条战线上的，是自己人。这样，客户就更加容易接受销售顾问后面试图灌输进去的内容。更巧妙的是，销售顾问运用了主导这一技巧，将客户的思路引到车辆具体的配置以及对配置的要求上。

当然，有时候客户的话不是一个观点，而是一个事实。运用迎合这一技巧，从逻辑思路来看，把客户提供的事实演绎一下，就是销售顾问给出的看法，客户就会觉得得到了理解。同样，如果客户提出的是看法，销售顾问就应提供事实依据来论证客户的观点或者结论是符合逻辑的，是有道理的，这样，客户依旧会感觉自己遇到了知音。

3. 垫子

沟通的基本技巧之三是垫子。我们可以想一下，平时我们坐在沙发上面，如果没有垫子，坐着就会很不舒服。垫子就是在双方说话一来一往之间添加的隔层，隔层的目的就是创造舒服的说话环境和氛围。在人与人交谈的时候，一定会形成一来一往的局面，从而必然会形成一个在问，一个在答。提问的人就有一个想法：能不能把你问倒。回答的人也就形成了一个意识：千万不能被问倒，不然就说明自己没有分量，没有影响力。垫子就是为了消除一问一答容易形成的这种惯性，跳出眼前的话题，从一个全新的角度展开说话的内容。

垫子并不难，有两种类型：一种是认可对方的问题独特、有价值、专业、难得；还有一种就是承认对方的问题具有代表性以及普遍意义。垫子没有固定的模板。

下面根据垫子的这两种类型列出两种垫子的清单：

第一种垫子清单：

1）您的这个问题太专业了！

2）您的这个问题太深奥了！

3）您的这个问题太尖锐了！

4）您的这个问题，我们经理昨天才考了我们呢。

5）您的这个问题是我从业三年以来遇到的最难的一个。

6）您的这个问题一下子就问到点子上了。

7）您的这个问题好像是我们大学专业课上教授出的考题。

8）您的这个问题会让我牢记于心至少五年。

第二种垫子清单：

1）您的这个问题很多人都问过！

2）您的这个问题太常见了！

3）您的这个问题昨天有两个签约的客户都问了。

4）您的这个问题太有代表性了！

5）您的这个问题是我们售后服务站长不断要求我们熟悉的问题。

6）您的这个问题每天至少会有五个来展厅的人问到。

7）您的这个问题是最近媒体记者都在问的问题之一。

8）您的这个问题，如果您不问，我也要替您问这个问题了。

垫子是目前沟通的基本功中最简单的一个，可是，要养成习惯却很不容易。有两个要牢记的注意事项：一个是在养成习惯之前，要多用，要强迫自己养成习惯，至少要有这个意识；第二个注意事项就是，用了垫子之后，一定要给予解释，解释为什么客户的问题那么有代表性，为什么那么独特，在解释之后，销售顾问就得正面回答客户的问题，否则客户在听了一段时间之后，发现你还是没有回答他的问题，就会觉得销售顾问很虚伪，不真诚，只是在要弄技巧而已。

4. 制约

沟通的基本技巧之四是制约。平时，我们在听别人讲话的时候，你能够发现有些人竟然可以让别人哑口无言，也居然可以把别人要讲的话先讲出来。制约就是在互动式的说话氛围内，提前知道别人要表达的事情，这件事情不一定对自己有利，于是变换一种形式，先发制人，结果别人反而无法发作，从而让发起制约的人获得了谈话的优势地位。

制约作为沟通基本功中的最后一个要点，就是要强调应提前一步控制客户的思维方向，控制客户对话语的体会，以及可能对客户产生的各种心理影响，提前限定我们不希望发展的方向，从而牢牢掌握谈话的主动权。制约的关键就体现在准确地推测客户所说的这句话之后会往什么主题发展。

制约有两个模板，一个简单，一个复杂。

简单的就是直接将你推测的客户的想法先说出来。如“这个价格超过您的预想了吗？”这个就是简单的制约模板，这样就控制了谈话的氛围。

制约的第二个模板复杂一点，就是将客户询问的事情分解为单元。例如，客户在询问产品价格的时候，你可以回答单位质量的价格，这样就是分解从总体看起来不容易理解的大价钱，从单位元素谈起，在介绍中穿插产品的价值。制约的第二个模板之所以复杂就在于，你是否深入思考过客户为什么会立刻说产品的价格贵？客户为什么会说时间怎么这么长？为什么这么慢？思考过后，将客户的问题分解到细小单元，从而彻底瓦解对方原来的意图。

四个技巧介绍完毕，下面来做一个小的总结。

1）主导。掌控销售对话中的主题，通过控制主题来赢得对话的主导权。

2）迎合。承接客户话语的语意，形成顺应的语言背景，赢得宽容的交谈氛围。

3）垫子。在回答客户的问题时，有效应用对问题的评价来延缓客户对其问题的关注。

4）制约。推测客户后面想要说的话，并主动说出方法，制约客户的思考思路。

思想的关键在于表达，表达的重点在于说话，人的一生不仅在工作中要说话，在日常生活中也需要说话。掌握沟通的四个基本功是你走向个人生活的成功以及职业成功的起跑线，也是你在社会上，让周围人认识你的最基本的方式。

1.3　汽车推销八步法

想成为一个出色的汽车销售顾问，仅仅在展厅里坐等客户上门买车的“守株待兔”式的销售方式是远远不够的，这样的销售量十分有限。所以，销售顾问有必要走出展厅主动去开拓自己的市场，以提高销售量。而想要成功地开拓汽车市场，也不能盲目地开始，主要有以下八个步骤，见表 1-1。

表 1-1　汽车推销八步法

汽车推销八大步骤	工 作 内 容
找准汽车目标市场	1. 识别车型的目标市场 2. 识别目标市场潜力 3. 了解目标市场的竞争情况 4. 评估市场的竞争情况 5. 了解购车客户的需求
认识潜在购车客户	为什么销售顾问需要不断开拓市场和开发客户呢？归根结底就是为了提高销售量，所以，不管用什么方法或者通过什么渠道，销售顾问都要去认识自己的潜在客户
建立客户资料卡	1. 收集客户信息 2. 建立客户资料卡 3. 存档 4. 与客户建立关系
初次与客户联系	1. 与客户联系前的准备 2. 与客户电话联系 3. 与客户信函联系
会见潜在客户并介绍车型	1. 了解客户需求 2. 会见潜在客户 3. 全面地向客户介绍车辆、车辆特点及车辆优势

（续）

汽车推销八大步骤	工 作 内 容
准备书面建议书协议	1. 准备协议书 2. 跟踪协议书的实施
谈判和成交	1. 成功的谈判技巧 2. 协商价格以达成协议
总结成功经验并寻求不断提高	1. 计划和评定成功目标 2. 评估业绩 3. 调整行动

1.4　七项销售技能测试

中国汽车行业的销售顾问最迫切需要七项技能来完成其汽车销售任务。这七项技能分别是：行业知识、客户利益、顾问形象、行业权威、沟通技能、客户关系和压力推销。

1. 行业知识

行业知识是指销售顾问对客户所在的行业对汽车使用要求的了解。客户是来自各行各业的，怎样做到对不同行业用车的了解呢？例如，若客户的工作多半是出去采购，那么客户也许就会关注车辆的空间大小。行业知识不仅仅是表现在对客户所在行业用车的了解上，还表现在对客户所在行业的关注上。当客户的职业是教师时，你可以表现得很好奇，然后问：“那您是教哪一个科目的啊？现在的孩子是不是比以前难教育了？”这只不过是一句话，可是却是一个让客户获得认同的好方法。当客户开始介绍他的行业时，你就已经获得了客户的好感，仅仅是这个好感就缩短了人与人之间的距离。

2. 客户利益

客户利益是指对客户使用汽车获得利益的广泛了解和认知。

所有的产品都有其他竞争产品无法比拟的特征，如何将这些特征传递给客户并让其产生深刻印象才是关键。首先销售顾问需要准确理解客户对汽车的需求，然后有针对性地为客户介绍车辆各个方面的性能。例如，客户若经常长途驾车，那么你就要有针对性地介绍座位的舒适性、转向盘的高低可控、提速超车的便利以及车辆发动机的经济性等。

确保汽车可以为客户带来他所需要的利益是一种销售技能，也是获得客户信任的一个有效的方法。从获得好感入手，逐步建立客户对你的信任，直到建立一种可靠的关系才是销售的终极目标。

3. 顾问形象

确立汽车销售顾问这一形象。

顾问这一形象意味着不仅对客户行业有所关注和关心，而且理解客户的利益，完全从为客户提供建议的角度来介绍汽车。例如，“如果您的驾龄不长，那么我还是建议您装一个可视倒车雷达，虽然现在要花费一笔费用，可是，相比之后您在倒车时由于没有经验而导致刮碰的维修费用，装倒车雷达的这个钱还是小钱，更何况，您这是新车啊，刮坏了得多心疼啊！”这就是顾问形象的有效应用。

销售人员在与客户的交谈中，应迅速让客户感知到自己丰富的知识和相关经验，赢得客户的信赖，促使客户产生购买行为，甚至成为终身的忠实客户。

你不妨回忆一下，当你遇到一些难以解决的问题的时候，你一般都向谁请教呢？找到这个人后，仔细回忆你为什么在心里把他当做请教的对象。分析具体的原因之后，你就可以从这些地方开始模仿。除了模仿，还要不断增加自己的各种知识，尤其是汽车方面的知识，以及中国汽车行业的各种变化。如果你对这些变化有了自己的分析，并形成了自己的看法，那你在潜在客户面前的顾问形象就非常容易实现了。

4. 行业权威

行业权威是指在汽车领域内是否具有足够的知识，是否获得过汽车行业认定的某种称号，以及所获得的其他承认等。

前面所讲的三个核心技能多数是表现在层次、素质较高的潜在客户面前的技能，后面将要介绍的三个核心技能主要是用在面象层次、素质较低的潜在客户的销售过程中。当然，在你面对的客户中，会有形形色色的客户，什么类型的都有，而且在刚开始展开销售的阶段，一般来说还没到判断该客户层次、素质高低的时候，所以，销售顾问应该全面掌握和运用这七项技能，不能着重掌握哪几项，忽略哪几项，要一视同仁，全面提升自己的销售水平和技能。

行业权威是一个中立的技能，不管客户的层次、素质在什么水平，都容易受到行业权威的影响。如果一个销售顾问具有行业权威的称号，那么这个销售顾问在影响客户的采购决策方面就容易得多，这也是为什么在西方国家，许多行业通常都会授予优秀销售顾问一些称号，如产品应用知识专家、客户服务专家等。

在国家还没有这方面资质评定的时候，行业内的某种特殊的认证体系也可以强化这种权威的感觉。可以首先在自己的车行、公司集团内展开，如汽车销售精英大赛，并逐渐形成和推进国家标准，这样，获益的是销售顾问，获益更多的将是采取这个行动的企业。

5. 沟通技能

经常称赞客户的观点和看法，尤其是客户对汽车的任何评价和观点，从而建立良好的沟通方式。

在销售核心技能中，沟通技能是一个非常重要的技能。

在沟通中最重要的不是察言观色，也不是善辩的口才，而是倾听。比倾听更加重要的是在沟通中对他人的赞扬。在这七个核心技巧中，赞扬是销售沟通能力中一个非常重要的指标和技能。

任何人都渴望成功，渴望实现自己的理想。关于成功学主要有三个流派：第一个是最早的戴尔·卡耐基，第二个是最系统的拿破仑·希尔，第三个是比较现代的奥格·曼狄诺。虽然都是成功学中的流派，各有特点，但是赞扬别人是他们所共同提倡的。甚至，卡耐基专门有一个培训课程就是学习赞扬他人。该课程只有七个小时，但是要求学员用半年的时间来实践，从而彻底提升和周围人的人际关系。

其实赞扬他人是一种本能，一般人都会，但缺乏的是系统地运用在销售过程中，运用在与客户沟通的过程中。

我们可以通过以下三个基本的方法反复练习和掌握赞扬这一技巧：

（1）赞扬客户提问的问题、客户的观点以及客户的专业性　这就需要运用到前文中沟通的四个技巧中的“垫子”。在客户问任何一个问题的时候，销售顾问都不要立刻就该问题的实质内容进行回答，而要先加一个沟通中的“垫子”。这里说的“垫子”，就是赞扬。

如客户问：“听说你们最近的车都是去年的库存?”〔这是一句非常有挑衅意味的问话。〕

销售顾问应该答：“您看问题真的非常准确，而且信息很及时。您在哪里看到的?”〔最后的问话是诚恳的，是真的想知道客户怎么知道这个消息的。〕

而没有参加过培训的销售顾问的回答大多是直接的：“您听谁说的? 不是的，我们现在的车都是才到货的。”〔客户会相信吗?〕

因此，首先我们应该知道，当给予客户的回答是赞扬性语句的时候，客户感知到的不是对立，而是一致性，这基本消除了客户提问一些具有挑衅性质的问题。而且，当你表示出关心消息来源的时候，客户就已经不再真正关心其问题的答案了。

（2）承认客户的观点、看法或者问题的合理性　例如，“如果我是您的话，我也会这样问的。”“很多客户都这么问，这也是大多数客户都关心的问题。”这样一些话术，都体现了销售顾问对客户问题、观点、看法的认可。

很多销售顾问都深刻领会了这个方法的好处，而且在以后的反馈中，他们说这是个五星级的技能。

（3）重组客户的问题　重组客户的问题可以增加对客户的理解。如客户如果问：“这个车内饰颜色的选择好像不是很多呀?”销售顾问的回答应该是这样的：“您说的是内饰颜色不多，您是喜欢偏重的深色，还是更看重浅色呢?”这个回答重新组织了客户的问题，这会让客户认为，销售人员是为了更好地确认才这样进一步追问的。

以上三个方法我们可以组合起来使用，但一定要明白沟通背后的原理和实质，否则会弄巧成拙，让客户反感。当赞扬客户时，一定要牢记两点：一是要真诚。真诚的表现形式就是要目视对方的眼睛说要说的话，而且要用稳重的语调、庄重的态度以及缓慢的语速来说。二是要有事实依据，否则会让那些有防范心理准备的客户看透你。所以必须要有事实作为后盾。例如，当你说“你问的这个问题真专业”之后，如果客户有疑惑，或者你没有把握客户是否接受了你的赞扬，可以追加这样的话：“上次有一个学汽车专业的研究生问的就是这个问题。我当时还不知道如何回答，后来查找了许多资料，还请教了这个行业的老师傅，才知道答案的。”

6. 客户关系

应与客户周围的人有广泛而密切的关系。

一般以销售为核心的企业都注重维持长久的客户关系，从而不断提升客户的忠诚度，让客户终身成为自己的客户，而且还可以不断介绍新客户。这里的客户关系是指可以有效完成销售的客户关系，它包括三个层次。一是客户的亲朋好友。不难发现，来展厅看车的客户基本上没有单独来的。多数是和家人或者朋友一起来的。二是客户周围的同事。三是客户的商业合作伙伴，或者说是客户业务的上游或者下游。

像采购汽车这样较贵重的物品，任何一个客户都不会单独作决策，客户一般都是首先请教他认为懂车的朋友，然后才会咨询家庭成员的意见。如果不是自己开，还会征求给自己开车的驾驶人的意见。如果销售顾问只是简单地将全部的销售技能都用在购车者身上，实际上是忽视了客户身边的决策建议人。对客户来说，他更容易听取他们的意见，而不是销售人员的意见。因此，如果你成功地让决策者周围的人替你的产品说话，那么，你成功地取得订单将易如反掌。

所有的汽车销售人员都必须学会如何与客户周围的这些人建立有效的某种关系，通过对这些关系的了解和影响来对客户产生影响，从而缩短销售过程，向对自己有益的方向发展。

7. 压力推销

压力推销是一种使用强有力的言语，给客户造成购买是唯一出路的感觉的能力。

有数据显示，该项目在参加过测试的销售顾问中通常得分是最低的。因为他们一般认为现在应该采用的是顾问式销售方法，压力推销这种传统销售方法已经过时了。其实，由于客户不同，所以绝对没有哪一种方法能放之四海而皆准，销售顾问应该区别对待。目前，在中国市场上，对许多客户使用压力推销的方法还是非常奏效的。

要理解压力推销是什么，就必须先了解人性的弱点。所谓专业销售技能的理论发展完全是建立在对人性的透彻了解之上的，请牢记下面十点：

1）所有人最担心的事情是被拒绝。

2）所有人最需要的是被接受。

3）为有效管理他人，你必须以能够保护或者强化其自尊的方式行事。

4）任何人行事之前都会问，此事与我有何相干。

5）任何人都喜欢讨论对他们自己非常重要的事情。

6）人们只能听到和听从他们理解的话。

7）人们喜欢、相信和信任与他们一样的人。

8）人们经常按照不那么显而易见的理由行事。

9）哪怕是高素质的人，也有可能甚至经常心胸狭隘。

10）任何人都有社会面具。

销售顾问应充分利用客户的心理状态，有时这对某一类型的客户是非常奏效的。例如，“免费赠送活动这个星期就截止了”，“您开这款车绝对体现您高贵的品质” 等，都是一种压力推销的使用。

七项销售技能全部讲述完毕。其中行业知识、客户利益以及顾问形象和行业权威都是赢得客户信任的技巧；沟通技能、客户关系、压力推销是快速销售的技巧。销售顾问如果想掌握这七项技能，并能运用自如，就需要对销售经验的不断总结、提升和反复运用。

第 2 章　你的汽车市场在哪里

学习目标：

- 了解如何识别汽车目标市场。
- 了解因市场竞争状况引出的各种问题。
- 掌握市场竞争状况分析的过程。
- 掌握影响客户作决策的各种因素。

2.1　识别汽车目标市场

2.1.1　如何识别汽车目标市场

大部分的销售顾问都可能把汽车市场目标定义为“所有购买我们车辆或服务的所有客户”，如图 2-1 所示。

汽车销售顾问的目标就是使投资回报最大化，要完成这一目标只能发掘那些最有可能购买车辆的客户。这样看起来似乎会把一些客户从目标市场中排除出去，其实不然，这样做的原因只是为了分清主次关系。所以大部分汽车销售顾问对目标市场的定义中“所有”一词范围太大，没有重点。将客户分主次，销售顾问就可以和目标市场中最大的和最愿意购买的客户建立业务关系，也可以在日后的工作中，经常性地扩大目标市场的范围。但销售顾问要明白的是，只有在和原有目标市场定义中的潜在客户建立关系后，才能够扩大自己的目标市场。如果在这个目标市场中有足够的机会，销售顾问将不必在目标市场外寻找机会，因为市场外的机会实在太小了。最重要的就是，这样做已经可以得到销售过程投入回报的最大化了。

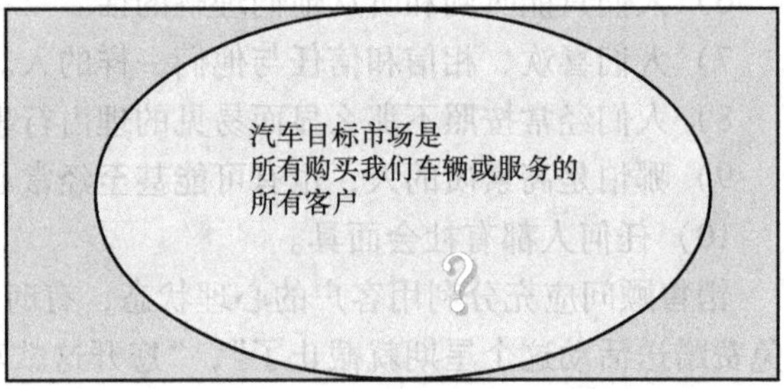

图 2-1　大部分汽车销售顾问对目标市场的定义

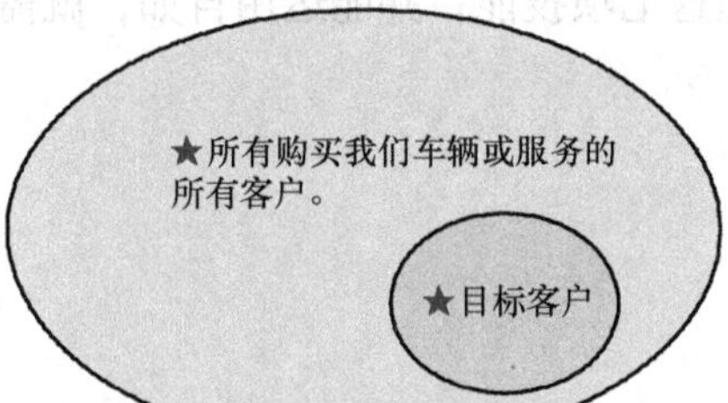

图 2-2　市场与目标市场的关系图

市场与目标市场的关系如图 2-2 所示。

不同的车辆有着不同的使用客户或行业。通过对目标市场内的行业状况进行调查，就可以知道客户的重点分布目标市场。

目标客户群调查统计表见表 2-1。

表 2-1　目标客户群调查统计表

项目/阶段	喜好	特性	收入	学历	职业
单身					
新婚					
有孩子家庭					
中年					
老年					

2.1.2　目标市场的潜力

评估目标市场的潜力时需要考虑的因素有以下几个：

1）市场饱和度。

2）目标市场内客户规模的大小以及数量。

3）目标市场内竞争者的强弱以及市场份额的比例。

4）目标市场内适合进行销售的行业有多少，如学校、银行和生产厂等。

5）景气的行业数目。通常景气的企业需要扩充，且预算较宽裕，具有很好的销售机会。

汽车销售顾问必须充分了解以上几个因素之后，才能决定销售策略(拜访客户的顺序及拜访的频率,对不同客户的接触方法和对竞争车型的应对策略等)以及制定工作计划，以便对目标市场内的潜在客户作有效的拜访。目标客户问题调查表见表 2-2。

表 2-2　目标客户问题调查表

问　　题	回　　答
谁是客户?	
购买潜力如何?	
什么时间?	
何处购买?	
为什么跟你对话?	
怎样保持客户?	
如何找到类似客户?	

2.1.3　购车的决策人和决策的影响者

在汽车市场中，不同的人扮演着不同的角色，并且他们在决策的过程中，也发挥着不同的作用。基本上，我们可以将其分为以下两类：

1. 决策人

企业的最高决策人通常是企业的董事长、总裁及企业的业主。如果与汽车销售顾问打交道的是政府部门，决策人往往就是部门的最高领导、部门委员会，甚至是政府机构的部长。

值得注意的是，通常与汽车销售顾问接触、协商的人往往不是直接决策者，而是决策的影响者。之所以汽车销售顾问必须与决策者建立并且保持良好的关系，是因为他们才是决定是否最后签订合同的人。

2. 决策的影响者

决策的影响者虽然不是最后的决策人，但是他们对最后的决定起着至关重要的影响作用。一个私人企业的决策影响者可能是企业的车队经理或运输经理，甚至是驾驶人，主要根据企业规模的大小来决定。

政府部门的决策影响者往往是政府最高领导人或者某特别委员会的项目领导者，他们负责推荐企业需要购买的车辆。

汽车销售顾问接触得最多的就是决策影响者。一般情况下，这些决策影响者需要了解车辆的细节，如总费用、服务网络以及车辆的价格。虽然他们不是最终决策人，但最终决策人总是会要求这些人给予建议和参考意见。

在一些企业和政府部门中，决策影响者就是要将购置车辆的建议呈现给领导或者是决策委员会。

所以，汽车销售顾问的责任是：识别决策人和决策影响人，并在整个销售过程中与他们建立并且巩固良好的关系。

2.2 认识市场竞争状况

一个新的目标市场在一般情况下是不可能在很短的时间内就可以被详细了解的，这需要汽车销售顾问不断地深入了解。认识市场竞争状况要了解的问题如图 2-3 所示。

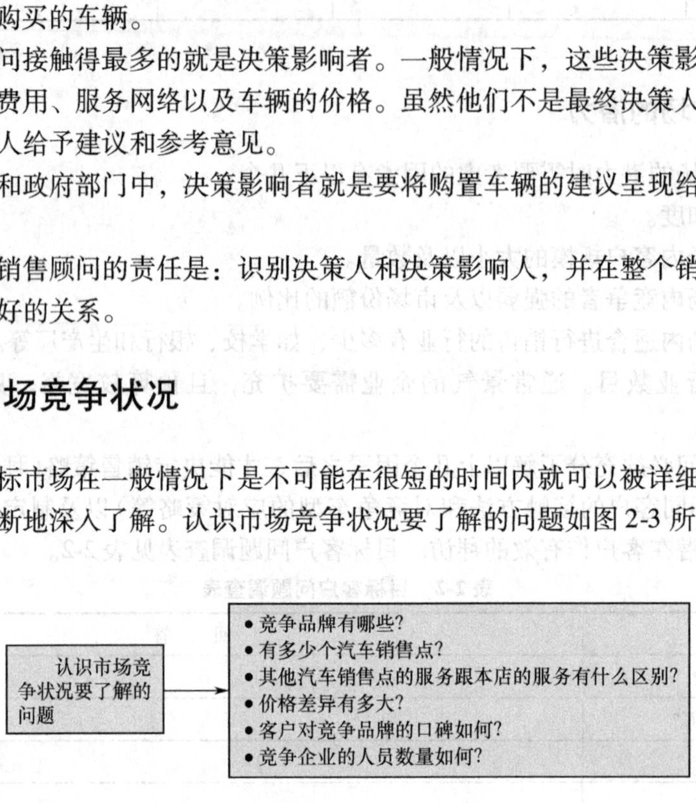

图 2-3　认识市场竞争状况要了解的问题

详细地了解这些问题，有助于汽车销售顾问准备销售话术以及研究应对的策略。

如果汽车销售顾问只是浅尝辄止，而不去认识、研究目标市场的竞争状况及变化，那么其业绩就不可能稳固，就更不用说扩大了。

关于竞争品牌的主要信息，汽车销售顾问可以通过以下几个途径进行深入了解：

1）全国/行业/当地报纸、刊物。

2）图书馆。

3）贸易部门/协会。

4）一些对竞争品牌很了解的人。

竞争品牌的信息重点就在于以下几方面：

1）品牌名称。

2）销售点地址。
3）电话/传真号码。
4）工作时间。
5）展厅的车辆展示以及设施情况。
6）职员数量。
7）车型种类。
8）最新宣传广告信息。
9）特殊优惠和优惠政策。
10）客户类型。

2.3　对市场竞争状况进行分析

2.3.1　竞争状况评估过程

竞争状况评估过程如图 2-4 所示。

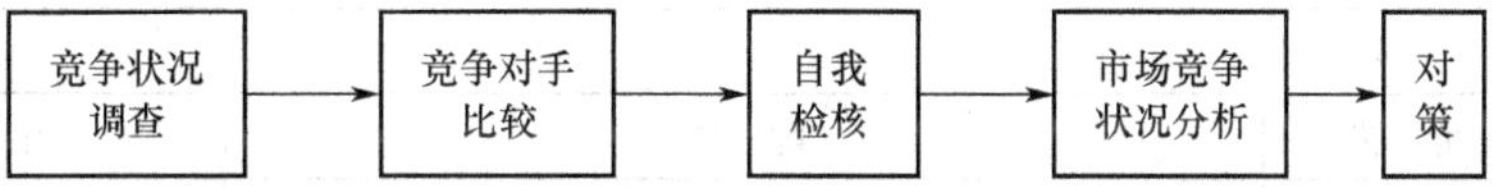

图 2-4　竞争状况评估过程图

2.3.2　竞争状况调查

竞争品牌调查表、竞争品牌业务调查表、竞争品牌价格调查表、竞争品牌比较表、自我检核表见表 2-3 ~ 表 2-7。

表 2-3　竞争品牌调查表

竞争品牌名称	
地区	
公司地址	
员工数量	
平均学历	
平均年龄	
工作时间	
汽车销售顾问的口才	
行销能力、技巧	
开发客户的方式	
汽车销售顾问给客户留下的印象	
职员待遇	
业务的方针及做法	
培训体系	

（续）

行业水平	
企业文化	
市场策略	
消费群体	
车型种类	
车型价格	
市场占有率	
客户的口碑	
其他特别的人、事、地、物	

表 2-4　竞争品牌业务调查表

竞争品牌名称			
公司地址			
公司规模			
职员人数			
竞争车型	价　格	配　置	有 无 赠 送
促销活动			
广告			
优势			
综合评述			

表 2-5　竞争品牌价格调查表

车　型	配　置	公　　司	车　价	实际售价	赠送、促销情况	备　注

表 2-6　竞争品牌比较表

比较项目	本品牌	A 品牌	B 品牌	对策
自身条件				
经营范围				
展厅形象				
主要车型及价格				
每月销售量				
汽车销售顾问人数				
平均每位汽车销售顾问的销售量				
职员人数				
展厅客流量				
促销活动				
广告				
做得好的				
做得不好的				

表 2-7　自我检核表

情报种类	内容
畅销车型情报	
销售现场情报	
客户情报	
○畅销车型情报	
车型	
价格	
库存	
卖点	
每日动向	
○销售现场情报	
销售现场状况	
陈设	
管理状况	
竞争车型	
汽车销售顾问状况	
○客户情报	
购车情报	
优惠情况	
宣传方式	
广告效果	
○情报分析	
问题点	
提案	

2.3.3　市场竞争状况分析的方法

市场竞争状况分析采用通常所说的 SWOT 分析法。

SWOT 分析法又称态势分析法，它是由旧金山大学的管理学教授于 20 世纪 80 年代初提出来的，SWOT 四个英文字母分别代表：优势(Strength)、劣势(Weakness)、机会(Opportunity)、威胁(Threat)。SWOT 分析法构成如图 2-5 所示。

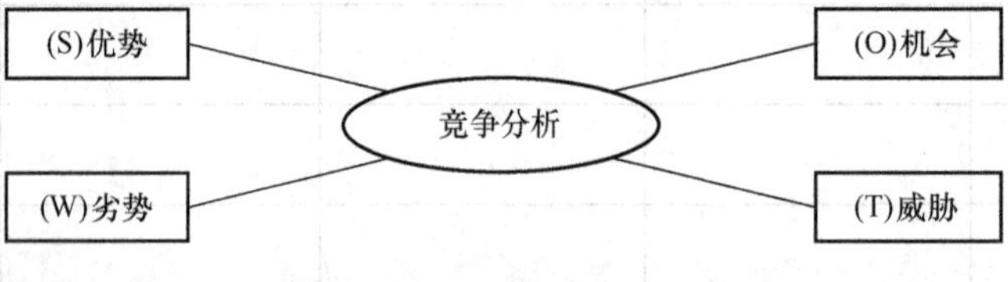

图 2-5　SWOT 分析法构成图

在汽车销售中，优势、劣势、机会和威胁分别代表下列含义：

优势：竞争公司、本公司的竞争优势。

劣势：竞争公司、本公司的竞争劣势。

机会：本公司组织机构策略等变动能够带来的增长和改善的机会。

威胁：本公司组织机构策略等变动能够带来的业绩上的负面影响。

表 2-8 所示的是汽车 4S 店的 SWOT 分析表。

表 2-8 汽车 4S 店的 SWOT 分析表

因素	我公司	竞争对手 A	竞争对手 B
优势			
劣势			
我公司机会			
我公司威胁			
对策			

汽车销售顾问可以根据分析结果制定出有针对性的方案。

2.4 了解购车客户的需求

2.4.1 了解购车客户的需求需要知道的内容

汽车销售顾问想要了解来购买车辆的客户有哪些需求，就得了解以下几个方面的内容：

1）影响客户选择车辆的因素有哪些？

2）客户购买的诱因是什么？

3）客户意识变化如何？

了解以后得出以下问题的答案：

1）客户是喜欢你所销售的车型还是喜欢竞争品牌的车型？

2）客户为什么会选择购买你的车辆？

3）客户为什么会选择竞争品牌的车辆？

4）企业原有的客户状况如何？〔了解企业原有的客户可以继续作好服务以及发现新的商业机会。〕

5）怎么促使客户购买你的车辆？

练习以下 17 个问题的解释方式，对满足购车客户的需求很有帮助：

1）您考虑车的用途侧重在哪方面？

2）您为什么最后选择了我们公司？
3）您考虑什么时候购买？
4）您买车主要是自己开还是请司机开？
5）您考虑什么价位的车呢？
6）您想要购买的车型确定好了吗？
7）您平时是坐车比较多，还是开车比较多？
8）您比较喜欢活泼的颜色还是庄重的颜色？
9）您以前了解过我们的车吗？
10）您觉得预防性安全系统对您的安全有帮助吗？
11）您是想自己先看看，还是由我帮您介绍呢？
12）您现在开什么车？
13）您选择一次性付款还是按揭？
14）您之前用的是什么排量的车？
15）天这么冷，您还来看车，是急着用吗？
16）看过这些车，您对车的感觉怎么样？
17）您打算多久换辆车？

总之，通过需求分析，我们要了解客户信息（姓名、电话、地址、职业、家庭成员、预算、驾驶人、决策人、购车时间）；了解车辆信息（购车用途、竞争车型、对竞争车型的感受、对现有车的感受、以往用车、对车辆性能的偏好）。

2.4.2　影响客户选择车辆的因素

表2-9为影响客户选择车辆的因素表。

表2-9　影响客户选择车辆的因素表

一般情况下，影响客户选择车辆的因素有以下几个： ● 车辆价值 ● 车辆的官方报价 ● 客户实际购车的价格 ● 车辆的燃油经济性 ● 车辆的保险值 ● 车辆的维护成本 ● 车辆的性能 ● 车辆功能的多样性 ● 车辆的舒适性 ● 车辆的安全性 ● 车辆的防盗性 ● 车辆的装备档次 ● 车辆的形象 ● 优惠活动 ● 终身使用成本 ● 售后服务 ● 汽车销售顾问的能力 ● 4S店的经营能力

2.4.3　客户购买诱因分析

客户购买诱因分析表见表 2-10。

表 2-10　客户购买诱因分析表

一、客户的基本情况如何？

1. 客户购买诱因。

2. 车型类别。

3. 消费族群数目。

1）在本类别的车型中，本消费族群的客户对本品牌的认知如何？

2）本消费族群的客户目前驾驶的是什么品牌的什么车型？

3）客户当前的生活形态、心理状况描述以及对本类别车型的态度。

4）汽车销售顾问对主要消费族群的观察。

5）本消费族群的客户从本类别车型想得到却又得不到的是什么？

客户购买诱因："我要买这辆车，因为我很喜欢这个品牌，很相信这个品牌。"

二、车型适合本消费族群吗？

1. 车型的实质是怎么样的？

1）车辆里面有什么？

2）与其他品牌有什么不同？

2. 客户对车型的评价如何？

3. 客户对品牌的评价如何？

4. 其他事实。

5. 结论：这款车型适合这个消费族群吗？并给出建议事项。

三、竞争对手会影响我们达到目标吗？

1. 竞争范畴是怎样的？我们的竞争对手有哪些？他们为什么是我们的竞争对手？

2. 竞争对手是怎样与客户沟通的？

3. 客户对竞争品牌的评价如何？

4. 竞争品牌将会怎么反击我们的宣传活动？

5. 竞争品牌的弱点在哪里？我们应该从哪里夺取市场？

四、具有竞争力的客户利益是什么？

1. 车辆必须能够解决客户的问题并且能够提升客户的生活质量。

2. 确实是一个真正的客户利益点。

3. 必须具有竞争力，即利益点要优于同一竞争范畴内其他品牌或类别。

4. 绝对不能只是一个口号或一句广告词。

5. 必须能用一个简单的句子来表示。例如，"山卡咖啡的香味比其他的即溶咖啡要好"，"假日旅社比其他旅馆更能令你安然入梦乡"。

五、宣传活动如何使客户认为本品牌的车能够符合他们的需求？

1. 车辆本身的理由。

2. 认知上的支持点。

3. 与客户沟通上的支持点。

六、品牌的个性应该是什么？

能否更进一步使车辆的意义更加明确，并使其与其他车辆品牌有所差别？

七、思考客户会有怎样的反应。

1. 希望客户从你们的沟通中了解什么要点？

2. 沟通之后希望客户采取什么样的行动？

1）试乘试驾。

2）要求了解更多关于车辆的资料。

3）立即购买。

4）其他。

（续）

八、认知价值。 若沟通成功，在接下来的数个月或者数年之后，客户对我们的品牌将会有更进一步的认知。 九、客户接触点。 为了可以用最有效的方法跟客户进行接触，应该使用哪些客户的接触点？如客户的家庭、事业、兴趣等，以及为什么要选择你所选择的接触点？

2.4.4　客户意识变化分析

客户意识变化分析表见表 2-11。

表 2-11　客户意识变化分析表

客户意识变化关键点	公司采取的应对重点
客户社会构造的变化（高龄化社会、年轻人社会、国际社会、小家庭社会、个人社会）	
客户生活意识的变化（重视个人生活、重视个性、自我主义）	
客户生活价值的变化（女性重视工作、文化提升、健康导向、休闲导向）	
公司的应对、分析	

2.4.5　客户特性分析

客户特性分析图如图 2-6 所示。

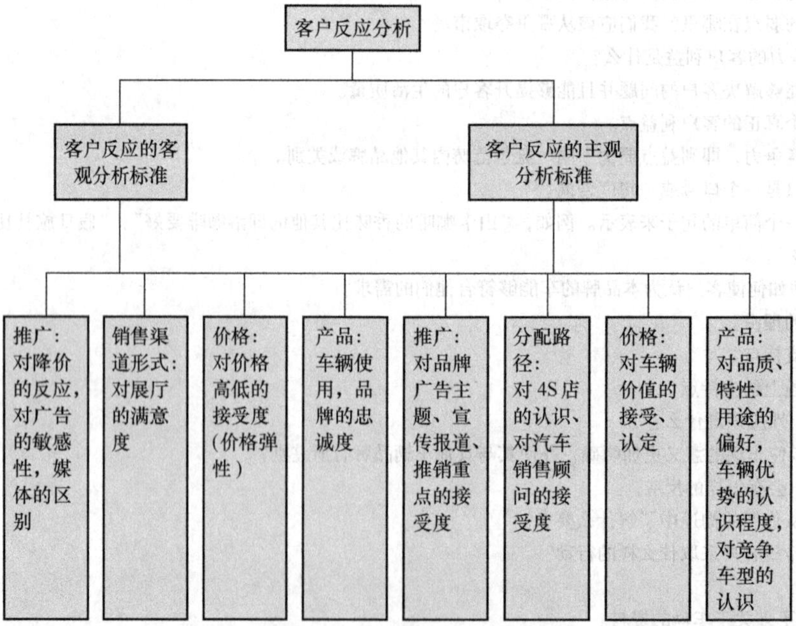

图 2-6　客户特性分析图

2.4.6　购车客户分析总结表

购车客户分析总结表见表 2-12。

表 2-12　购车客户分析总结表

客户喜欢本品牌的车辆还是竞争品牌的车辆？
客户为什么会选择本品牌的车辆？
客户为什么会选择竞争品牌的车辆？
企业原有的客户状况如何？
企业做得好与不好？好在哪里？不好在哪里？
竞争对手做得好与不好？好在哪里？不好在哪里？
怎样促使客户购买本品牌的车辆？

第3章　寻找属于你的客户

学习目标：

- 了解潜在客户具备的两个基本要素。
- 熟悉发掘潜在客户的方法。
- 掌握 MAN 法则。
- 掌握如何制作客户资料卡。

3.1　换个思维找客户

情景案例引导：

我的名片五分钱两张

有位推销员很想和某位企业家建立业务联系。他把名片递给秘书，秘书把名片拿进去。透过半开的门，推销员看见企业家把名片撕成两半，扔进了垃圾桶。秘书退了出来，告诉推销员，老板不打算见他。“那我可以把名片拿回来吗?”那个推销员问。秘书稍显尴尬，去向老板请示。老板递给秘书五分钱，并让秘书告诉推销员，很抱歉，名片被扔了。推销员不慌不忙，从钱包里拿出另一张名片，递给女秘书：“请将这张名片拿给你老板，并请告诉他，我的名片五分钱两张。”最后，他见到了老板，拿下了订单。

启示：这是一个非常经典的销售学案例。它给我们的启示是，一个成功的销售人员要清楚自己是谁，要清楚自己的行为是否和所要传递的信息相一致，其客户或潜在客户会如何看待你的行为和态度，同时，当客户或潜在客户表示拒绝时，千万不要围绕这些拒绝的理由耍小聪明，而是要尽可能立刻开诚布公地跟客户讨论它。出色的销售人员有一个秘诀，那就是永远向最有潜力、最有资格的客户（包括潜在客户）展现你的能力，而不是遇到谁都大献殷勤、唾沫横飞。

3.1.1　明确目标客户群

寻找潜在客户是销售过程的第一个步骤，在确定自己的市场目标之后，销售顾问就得了解潜在客户在什么地方并与其取得联系。

所以，在正式开始销售活动前，销售顾问首先要根据自己的产品特征，明确目标客户群，分析他们的特征，即其将成为准客户的基本要素，然后根据分析结果去寻找和开发客户，为以后与客户的销售洽谈打下良好的基础。

没错，汽车销售的潜在客户就是那些准备购买汽车的人，可是，那些准备购买汽车的人不会把“我想买车”写在自己的脸上。所以，销售顾问就必须去发现自己的潜在客户。要开发新的客户，销售顾问就必须弄清楚到底要把自己的车辆卖给谁，也就是要弄清楚自己所面对的客户到底是哪些人，这些人就是销售顾问的潜在客户，即我们通常所说的目标市场定位。

潜在客户具备两个要素，即有需求和有购买力，如图3-1所示。

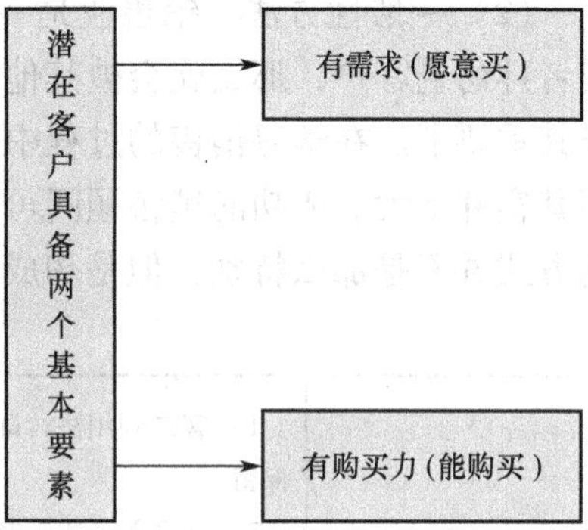

图3-1　潜在客户具备的两要素解析图

首先必须是客户有需求，愿意买，不是所有的人都需要车辆；其次就是客户能购买，即买得起。任何一种产品都是有相应的客户群体的。但是，作为一个没有能力购买的客户，销售顾问可以在有精力的前提下与其保持联系，当他具备购买的能力时，再为他服务。

寻找潜在客户是一项艰巨的工作，特别是一个销售顾问在刚开始从事这个行业的时候，销售顾问的资源只有对车辆的了解而已，所以销售顾问会通过很多种方法来寻找潜在客户，而且花在这项工作上面的时间也是相对较多的。明确目标客户群可以使销售顾问花费最少的时间去找到自己所销售汽车类型的潜在客户。

3.1.2　多渠道寻找潜在客户

很多汽车销售顾问会认为，销售汽车用得着自己去寻找客户吗？客户在看了广告或者决定购车之后，都会通过电话或者直接来店看车，而销售顾问就只要做好接待工作就可以了。

这种观念形成的主要原因就在于目前我国大多数的汽车经销商都采取“店销”的形式，销售顾问只要守在展厅里面，被动地等待客户来电咨询或者来店看车就可以了。而且，开发客户在国内通常如同上门推销一样被看成是一项极为不讨好的工作。这种观念直接造成了我国国内汽车销售顾问业绩不佳的状况。在其他国家则不同，例如在日本，汽车销售顾问平均要家访30次才可以卖出一辆汽车，而在美国，最能“纠缠”客户的依次是保险销售人员、汽车销售顾问以及房地产经纪人。

想要成为一名优秀的汽车销售顾问，就不应该放过任何一种寻找潜在客户的手段，不仅如此，销售顾问还必须有一种上天入地、使尽浑身解数、掘地三尺都要把客户挖掘出来的执着的精神。

1. 发掘潜在客户的方法

发掘潜在客户有两种通用的方法：资料分析法和一般性方法。

（1）资料分析法　所谓资料分析法，简单地来讲，就是通过分析资料寻找潜在客户。资料分析法见表3-1。

表3-1　资料分析法

资料分析法	1）统计资料：国家有关部门的统计调查报告、行业在报刊或期刊上刊登的统计调查资料和行业团体公布的调查统计资料等 2）名录类资料：顾客名录（现有客户、旧时的客户、失去的客户）、同学名录、会员名录、协会名录、职员名录、名人录、电话黄页和厂家年鉴等 3）报刊类资料：报纸（广告、产业或者金融方面的消息、零售消息、迁址消息、晋升或者委派消息、订婚或者结婚消息、建厂消息等相关的消息）、专业性报纸和杂志（行业动向、同行活动情形等）

(2) 一般性方法　销售业是一个竞争十分激烈的行业，如果不去寻找自己的潜在客户或者拜访老客户，那么就会被其他人取代。所以，尽力去争取每一个可能的优势机会就显得极其重要了。在学习销售的过程中，销售顾问应该要懂得成功与失败、优秀与平庸之间的差距其实并不大。成功的销售顾问可能只是多发了一条短信，多拨了一通电话而已，尽管采用的方式并不是那么特别，但是却成功地带来了可观的收入。一般性方法见表3-2。

表3-2　一般性方法

一般性方法	1）客户利用法，即利用以往有往来的客户来寻找、确定新的客户。对过去往来的客户应设法保留 2）社会关系法，就是通过同学、校友、朋友、亲戚等社会关系来寻找可能的客户。通过这种方法联系到的客户一般来说初次访问的成功率比较高 3）连锁式介绍法，即如果客户对你的车辆比较满意并与汽车销售顾问之间保持着良好的人际关系，那么就不妨请他将车辆介绍给他的亲人朋友等 4）各种团体(社交团体、俱乐部等) 5）其他方面，如邮寄宣传品、利用各种展览会和展示会、家庭、经常去风景区和娱乐场所等人口密集的地方走动 6）内部收集潜在客户信息，如与配件部门、维修服务部门、财务部门的公司职员有联系的人

2. 客户来源渠道

对于汽车销售顾问来说，客户来源大的渠道有很多，如咨询电话、车展、朋友介绍等。

(1) 接听热线电话　大多数客户通常是通过报纸、电视、户外看板等看到我们的广告之后，先打个电话到公司来咨询一下。但是，在电话咨询时，客户只是想对你所销售的产品或者你所在的公司有一个初步的了解，如果客户有兴趣，他们会来到展厅进行进一步的洽谈。

据了解，每十个打电话过来的客户，可能只有一个会真正到展厅来，而每十个到店里来的客户里面，可能只会有一起销售成交。

所以销售顾问就要注意使用接听电话的技巧，一定要先想办法激起客户的购买兴趣，并探询他们的购买意愿，尽量留下客户的电话，以便进行后面的跟进工作。

电话接待话术示例：

您好！××专营店。销售顾问×××(第1次报名)为您服务……

女士/先生您好，您是不是收到我们的活动短信啦？今天打来的50通电话中，有40通是问咱们××车的，上午就订了8台特价车了(影响客户，社会认同/心理暗示)！您是想询问车辆的价格是吧，您问的这一款车有2.0，2.5和3.5三个排量一共七个车型。价格从371800元到190800元都有。不同的配置、排量、颜色、批次价格都不太一样(范围报价法)。可能刚刚我说话太快了，您没听清楚，我是这里的销售顾问×××，您叫我小×就行了(第二次报名，加深印象)，请问(稍作停顿，恭敬胆怯状)您贵姓啊(请教称呼)？

价格方面您放心，现在我们店正在举行感恩200万元的活动，价格非常优惠，所谓百闻不如一试，我们这周六刚好有试乘试驾有礼活动，到店试驾即可获精美礼品，数量有限(使用邀请双理由)，先到先得，送完即止。

您看是周六上午来方便还是下午来方便(选择法)？女士/先生，您知道我们店的位置吗？方不方便留下您的联系方式，一会×××把我们店的详细地址和×××的电话号码以短信的形式发给您。您看好吗？

您可以随时找我，我叫×××(再次报名)，是展厅里最……(加强记忆)。如果有任何问题，请随时和×××联系。还有什么可以帮您的吗？××女士/先生，感谢您的来电，再见！

(2) 从你认识的人中发掘客户　每一个人的日常生活都不可能离开社会，而自己单独存在，即使一个社交活动很少的人，也会有一些朋友、同学、老师以及自己的家人和亲戚。所有这些你认识的人都是你的资源，你完全可以利用这些资源去开发属于自己的潜在客户。

在你的圈子里面，可能有人需要汽车，或者他们知道谁需要。而在这个寻找的过程中，你的任务就是沟通，让他们知道你、了解你。

当你开始踏上汽车销售之路的时候，告诉你的亲人、朋友、老师和同学等，你已经开始了一项新的工作，并积极地与他们联系，希望他们与你分享你的喜悦。如果你连续六个月每天这么做，他们就会为你感到高兴，并希望获得你的详细信息，同时，你也可以通过他们来检验你的讲解与示范技巧。

如果你确信你所销售的车辆正是你的亲朋好友所需要的，那么请大胆地尝试向他们推荐自己的车型，他们会积极地给予你回应，并成为你最好的客户。即使你的亲朋好友不会成为你的客户，你也要时常与他们联系。寻找潜在客户最重要的一点就是不要假设某人不能帮助你建立商业关系。他们可能不是你的潜在客户，但是他们很有可能认识可能成为你客户的人。千万不要害怕要求别人推荐。只要销售顾问谦虚地说上一句“因为我欣赏您的判断力，我希望您可以跟我讲讲您的观点”，这样，客户一定会觉得自己重要，并乐意帮助你。

案例：

1) 确认客户姓名：×××先生/小姐，您好！

2) 自我介绍：我是××专营店的×××啊，您还记得吧？

3) 问候，确认是否接听方便：您现在方便接听电话吗？

4) 寒暄，赞美：您上次和我的大学老师一起来看车时给××留下很深的印象，××一直想认识摄影方面的专家，现在××有个关于摄影的问题想请教您，不知您能不能帮忙？××最近想买部入门级的单反相机，上网看了几款，不知如何决定……

5) 告知目的，陈述利益：太感谢您啦，×先生！对了，最近我们店周年庆，举办文化沙龙活动，活动的主要内容有两点：第一是我们邀请了国内顶尖的演艺团体来表演，让您可以感受浓郁的艺术氛围；第二是举办名师字画的品鉴会，您可以了解到艺术品鉴赏和收藏方面的知识；第三是我们邀请了国内知名的教育专家来作一个有关儿童教育方面的专题讲座。这次活动一方面体现了我们店对客户的真诚关怀，更重要的是可以认识很多像您这样的业界精英，也可给您带来更多的商机呢。

6) 告知时间和地点：这次活动非常难得，而且名额有限，要不我先帮您预订下来？我们是在周六和周日做活动，您哪天来比较方便？

7) 最后给予额外的利益，告别：您看您是自己过来，还是××开车去接您？到时我们会为您准备一份精美的小礼品。真诚期待您的大驾光临！我们到时见！

(3) 从有车一族中寻找潜在客户　有一些销售顾问碰到有车一族的客户，就立刻放弃了，其实他们也是很好的潜在客户。不要以为他们现在已经有车了，对车就没有需求了，不会再购买了。要知道，这些有车一族一般情况下都是有高收入的人，他们不一定就仅仅满足现在拥有的一辆车，而可能会想拥有更多的车。况且，每辆车都是有使用期限的，期限一到，换车就是必然的了，因此，销售顾问就需要及早地与他们接触。记住，要尽早介入。

（4）参加车展　去过车展的人都知道，展会现场的汽车品牌、型号众多，一般情况下，客户无法全部顾及每一个摊位，这就需要我们掌握一定的技巧，并保持主动热情的态度，给客户留下一个良好的印象。对于来展位咨询的客户，销售顾问切不可以貌取人或者敷衍了事，而应该认真对待，并尽可能留下客户的联系方式，以便进行日后的客户跟进工作。对于那些对你所售的车辆特别感兴趣的或者购买意向特别强的客户，你要尽可能地邀请客户去展厅参观、试车，并作进一步的洽谈。

（5）连锁介绍　乔·吉拉德(Joe Girard)是现今世界上汽车销售最多的一位超级汽车销售员，他平均每天要销售五辆汽车。

他是怎么做到的呢？连锁介绍法是他使用的一个方法，只要任何人介绍客户向他买车，成交后，他会付给每个介绍人25美元，25美元在当时虽不是一笔庞大的金额，但也足够吸引一些人，因为举手之劳即能赚到25美元。

连锁介绍，也叫“滚雪球法”，就是根据消费者的消费需求和购买动机的相互联系与相互影响这个性质，根据各客户之间的社会关系，通过客户之间的连锁介绍来寻找更多的新客户。

每个人的生活圈子都是有限的，如果你能把客户发展成为新的客户或者新客户的介绍人，那对你的销售工作也是有百利而无一害的。

销售顾问要想让客户给你介绍新的客户，关键是要取信于客户。现有客户与被介绍的客户之间往往存在着共同的社会关系和利害关系，他们可能是朋友、亲人或者同事等，所以他们往往团结一致、相互负责，尤其是这种对他们来说无利可图的事情，他们不会在不相信你、不相信你所销售的汽车的情况下轻易为你介绍客户，因为一旦他所介绍的客户买了汽车又不满意，就会极大地损害他们之间的关系。因此，在明白这一点之后，销售顾问就必须树立全心全意为客户服务的意识，千万不能欺骗客户或者对客户有所隐瞒，“水能载舟，亦能覆舟”，客户一旦发现你在欺骗他，他不但不会给你增加新的客源，反而会在他的亲朋好友想购买你的汽车时加以劝阻。

（6）权威介绍　权威介绍法，也称为核心介绍法，它其实就是连锁介绍法的延伸运用。任何一款车都有其明确的客户群体，而每个消费群体都有其核心代表人物，我们可以利用这些核心人物帮助推介产品。

利用核心人物的关键就是要取得核心人物的信任。这就要求销售顾问要想办法和这些权威人物接触，集中精力对核心人物进行攻关，最好能够和其成为朋友，并且让对方感觉到你的工作能够给他本人以及他的亲朋好友带来利益。

权威介绍法的难度也是很大的，因为销售顾问很难有机会去和他们接触。有时候，销售顾问可以通过查阅相关资料的方式去寻找核心人物。

（7）结识你周围的陌生人　在电梯里，在公共汽车上，在餐厅里，在酒店里，你有没有尝试和身边的人交谈过？你会发现和走近你身边的人进行交谈是一件非常有趣的事情。如何结识你周围的陌生人，这是专业销售人员必须训练的技巧之一。

如何有意识地去处理与别人的偶遇呢？虽然并不是每次机会都会带来销售业绩，但我们又有什么理由不去尝试而让这个机会溜走呢？

3.1.3 利用MAN法则评估客户

作为一个汽车销售顾问，必须有效地利用时间和精力，以求在最短的时间内获得最多的销量。为此，销售顾问必须练就能够准确辨别真正潜在客户的本领。在寻找客户的同时要注意对他们的情况进行分析评价，从而找出有望客户，这样就避免了盲目访问，避免浪费大量的时间、精力以及财力。在寻找潜在客户的过程中，评估潜在客户的方法主要是“MAN”法则。

1. M(Money)：钱

第一个评估潜在客户的要素就是Money，也就是客户的购买力，销售顾问必须考察客户是否具有消费此产品或者服务的经济能力。

2. A(Authority)：决策权

第二个评估潜在客户的要素就是Authority，也就是说，销售顾问极力说服的客户是否具有决定、建议或反对的权力。

关于决策权，有一项调查统计提供如下数据(表3-3)，可以供读者参考：

表3-3 决策权的基本统计数据

1. 决策人	家庭购车决策权大部分掌握在男人手里 在已婚的家庭中，女性占1/3的决策权。在中国的现阶段，由于汽车市场尚处于导入期，汽车刚刚进入家庭，女性的决定权只有男性的一半。当然，随着经济的发展以及汽车的普及，我们也不难看出，女性也开始慢慢成为推动市场增长的主力，女性参与购车的比重也逐渐增大，女性决策权的未来走势很受看好
2. 决策周期	多数人的决策周期在半年左右 需要购车的家庭的决策周期远比想象中的要短。据数据显示，26.7%的购车家庭决策期是6个月，同时，累计有74%的购车家庭是在1~6个月内完成购车的
3. 决策差异	单身与已婚家庭的购车决策的差异比较大 已婚家庭是私人购车的主要力量，只有22%的购车人是单身，单身一族购车作决策时主要是由自己做主的占74%；而已婚的客户，无论是男性还是女性，在购车时都必须跟自己的配偶商量

3. N(Need)：需求

需求是指存在于人们内心的对某种目标的渴求或欲望，它由内在的或外在的、精神的或物质的刺激所引发。

客户有需求是销售成功的重要条件。想成为一名出色的汽车销售顾问，就必须对客户需求有一个正确的认识：需求不仅可以满足，而且可以创造。一般情况下，销售顾问总是尽自己所能去满足需求、适应需求，而一名优秀的销售顾问则是善于发现需求、创造需求。

潜在客户应该具备以上三个特征，而在我们的实际工作中，会碰到不同的潜在客户类型，销售顾问这时就应该根据不同的潜在客户类型采取不同的对策。购车需求关系见表3-4。

表 3-4 购车需求关系

购车能力	购车决策权	购车需求
M(有)	A(有)	N(有)
m(无)	a(无)	n(无)

其中有以下八种不同的潜在客户类型，以及销售顾问的应对策略：

- M+A+N：是有望客户、理想的销售对象。
- M+A+n：可以接触，配上熟练的销售技巧，有成功的希望。
- M+a+N：可以接触，并设法找到具有决策权的人。
- m+A+N：可以接触，需调查其业务状况、信用条件等，帮助其获取汽车消费贷款。
- m+a+N：可以接触，应长期观察、培养，使之具备另一条件。
- m+A+n：可以接触，应长期观察、培养，使之具备另一条件。
- M+a+n：可以接触，应长期观察、培养，使之具备另一条件。
- m+a+n：非目标客户，停止接触。

由此可以知道，销售顾问应根据不同的潜在客户类型采取相应的营销策略，把“伪客户”剔除掉，只留下真正的潜在客户。当然，在潜在客户欠缺了某一条件(如购买力、需求或者决策权)的情况下，销售顾问仍然可以开发，只要应用适当的策略，便能使其成为自己的新客户。我们通常从以下要点评估客户，客户的评估要素见表3-5。

表 3-5 客户的评估要素

● 关键人物的职称 ● 关键人物的个性 ● 客户购车的决策途径 ● 客户的规模和资金状况 ● 客户的信誉状况 ● 客户的发展状况

3.1.4 接触客户中的关键人物

接触客户中的关键人物是调查客户的基础。一般情况下，关键人物是指有需要的、有权利决定的、有钱的人。

通过接触客户中的关键人物，可以获得该客户的真实情况。有一些销售顾问容易陷入沟通陷阱，即把时间浪费在感兴趣的人物身上，把其当做关键人物对待，这是一种既浪费时间又没有效果的销售方法。

真正的关键人物知道其最需要的是什么车辆，能否在现在或将来什么时候购买。所以通过对关键人物的调查，销售顾问才能知道客户的需求信息以及需求障碍。

当销售顾问明确自己的拜访对象之后，就需要调查潜在客户的相关信息。

3.2　客户就是上帝

3.2.1　客户资料卡

1. 建立客户资料卡

将收集到的客户信息填入客户资料卡中，以便进一步发展与客户的关系。

潜在客户资料卡或名单是汽车销售中非常重要的工具。拥有一本厚厚的潜在客户名单，可以说就像是拥有金矿似的令人羡慕。但重要的是先要把潜在客户资料卡做得非常完整，并将客户的种类牢记在心中。

为了成功地进行销售，在开拓这些有潜力的客户时，必须非常熟悉客户资料内容。

2. 客户资料卡的制作

1）客户资料卡的概念。客户资料卡见表 3-6。

表 3-6　客户资料卡

客户资料卡	所谓客户资料卡，是保留最新、有效客户信息的系统，可以帮助销售顾问随时查找客户、联系人以及有望客户的信息，它比简单的客户名单包含了更多的信息 它既可以运用计算机系统，也可以手工进行操作。如果经销商已经建立了计算机系统，可立即开始使用。否则，就使用卡片系统

2）收集信息的种类。应按照相同的方式收集每一位客户的信息，这样可以为销售顾问的汽车销售提供有效的帮助。

到底应该收集当前客户或潜在客户的哪些信息呢？当前客户或潜在客户的信息收集内容见表 3-7。

表 3-7　当前客户或潜在客户的信息收集内容

- 公司名称(公司客户)
- 主要联系人的姓名和职位
- 主要联系人的个人信息——家庭信息、兴趣、爱好
- 电话、传真号码
- 地址
- 需求车辆车型、数量
- 企业类型
- 特殊车型需要
- 以往联系关系
- 以往联系结果和下次联系的时间、目的
- 以往交易

有效客户资料卡的价值见表 3-8。客户资料的形式见表 3-9。

表 3-8　有效客户资料卡的价值

有效客户资料卡的价值	客户资料卡系统可以帮助销售顾问选择目标市场及目标客户。这样就避免了盲目地向完全不了解的人推销汽车。它还可以帮助销售顾问以更加专业化、系统化的方式联系接近区域内的客户。 一个高质量、管理完善的客户资料卡系统可以帮助销售顾问同当前客户以及潜在客户建立长期的友好关系。资料卡中的信息可以为销售顾问提供轻松交谈的话题，如体育爱好、家庭、公司内部变化等，这样销售顾问就不必时刻只同客户探讨汽车了。

表 3-9　客户资料卡

个人信息	姓名		日期	
	公司地址		电话	
	私人地址		电话	
	职业			
	最佳联系时间			
	影响购买的因素			
	特殊兴趣			
购买需求	车型		特殊选装要求	
	信息来源	交易类型	资金来源	竞争产品
当前品牌	品牌	型号		生产年份
		车辆状态	里程	注册日期	牌照号码
补充信息				
失败原因				
汽车销售顾问				

日期	C	T	L	联系报告	下次联系

收集了以上有关客户资料方面的信息后，还要检查一下销售顾问自己认为有效的信息。客户资料卡有效确认见表 3-10。

表 3-10　客户资料卡有效确认

● 收集的客户详细资料可以放入客户记录卡。	是(　　) 否(　　)
● 项目决策者和影响者的姓名已经确定并记录在档案中。	是(　　) 否(　　)
● 信息已经记录且易于查找。	是(　　) 否(　　)
● 客户详细资料随时可得。	是(　　) 否(　　)
● 客户资料记录清楚。	是(　　) 否(　　)
● 有望客户的详细资料在每次联系之后都得到了更新。	是(　　) 否(　　)
● 每个有望客户至少三个月联系一次。	是(　　) 否(　　)

3.2.2　分级管理潜在客户

怎样才能够有效而且有计划地对客户进行销售呢?

要想留住自己的潜在客户，销售顾问必须在一开始就对自己所发现的潜在客户，按其购车可能性的大小妥善分类，以便分别对不同可能性的潜在客户采取对应的措施。

分类项目如下：

第一种可能性。潜在客户按照“放弃与否”进行分类，分为应该继续访问的潜在客户、暂隔一段时间再去访问的潜在客户、不放弃的潜在客户。

第二种可能性。对没有放弃的潜在客户，按访问时间的间隔来分类，可分为 7 天之内、15 天之内、30 天之内、40 天之内以及 60 天之内。

在对潜在客户进行分类与不断分析之后，可排除那些完全无希望的潜在客户，进行均衡化的销售活动，使销售业绩不至于发生很大的起伏。

保持多数的潜在客户，可使销售顾问安心，增加销售顾问的信心。为了不断地保持潜在客户，使他们成为真正的客户，销售顾问就必须尽可能频繁地访问客户、打电话联络客户或者以书信的方式联络客户。

3.2.3　制订行动计划

使用 MAN 法则对客户进行评估之后，销售顾问的手中就有了潜在客户的名单，就可以根据客户的可能购买周期以及重要性计划出自己每天、每个月要做的工作内容，也就是拜访活动计划。在具体的销售实务中，销售顾问可以依据销售实务技巧(图 3-2)的顺序展开工作，也可以利用汽车销售顾问的报表、年度有望客户管理表、月度访问计划表等来帮助自己的销售工作。

下面给出一些销售顾问可能会用到的表格供读者参考。汽车销售顾问日报表、推销日报表、汽车销售顾问工作日报表、新开发客户报表、销售日报表、访问客户预定及结果报告书、潜在客户追踪表、月别重点行动目标表、周别行动计划表、周别行动目标表、月销售报告见表 3-11 ~ 表 3-21。

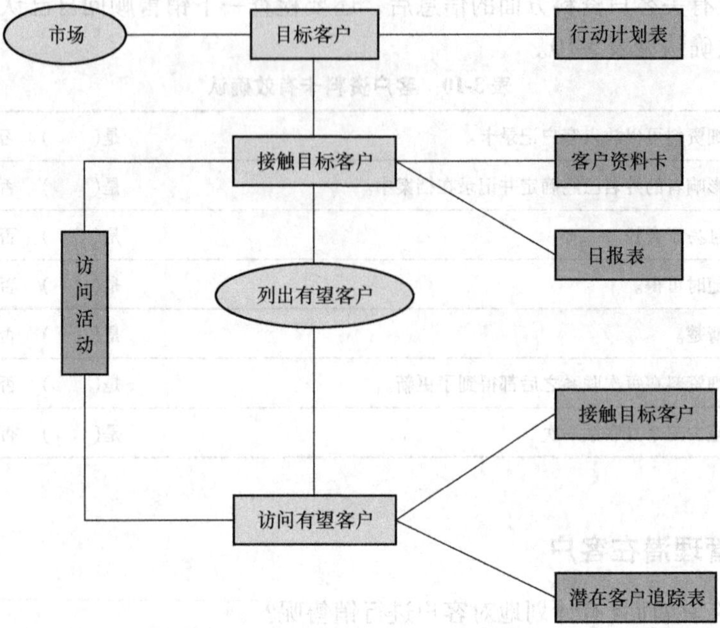

图 3-2　销售实务技巧

表 3-11　汽车销售顾问日报表

姓名：　　　　部　　　　月　　　　日

		1	2	3	4	5	6	7	8	9	
客户姓名	住所	初次调查	再调查	电话联系	访问	咨询	订车	交车	服务阶段	进展状况	商谈车种

表 3-12 推销日报表

本月目标：__________

日期：　　　　天气：　　　　本日到达：__________

访问顺序	访问对象	洽谈类别				备考	访问费用
		开拓	谈价	订货	收款	服务	

记　　事

来访记录	来客名称	来访目的

拜访记录	工作类别 \ 时间	9：00—10：00	10：00—11：00	11：00—12：00	12：00—13：00	13：00—14：00	14：00—15：00	15：00—16：00	16：00—17：00	合计
	准备									
	交通									
	等候									
	洽谈									
	其他									

表 3-13　汽车销售顾问工作日报表

月　　日　　星期　　上午天气：　　下午天气：

编号	访问客户	访问时间	访问目的						商谈结果			客户类别			预定再访时间	其他记录
			预订	收款	开发	服务	说明	其他	决定	未定	失败	开发	新增	原有		
备注																
主管意见																

汽车销售顾问：________

表 3-14　新开发客户报表

年　　　月　　　日　　　　　　　　　　汽车销售顾问：

客户名称		电　话	
公司地址		邮　编	
传　真			
主办人员			
推销车型			
交易金额及车型			
开拓过程			
备　注			
批　示			

经理：__________ 报告人：__________

表 3-15 销售日报表

汽车销售顾问: 年 月 日

编 号	客户名称	车型	数 量	单 价	金 额	交车日期	其他接洽记录
1							
2							
3							
4							
5							
6							
7							
8							
9							
10							
11							
12							
13							
14							
15							
16							
17							
18							
19							
20							
21							
22							
本月目标			未完成目标累计		主管评估工作价值		
总经理			主管		制表		

表 3-16　访问客户预定及结果报告书

经办人：　　　　　　　　　　　　　　时间：

日期	访 问 客 户				约定	访问结果报告书（简洁说明进度状况及问题点）		分类
	编号	客户姓名	访问时间	电话				
	1							
	2							
	3							
	4							
	5							
	6							
	1							
	2							
	3							
	4							
	5							
	6							
	7							
	8							
	9							
	10							
	11							
	12							
	13							
	14							
	15							
	16							
	17							
	18							

表 3-17　潜在客户追踪表

编号	车型名称	潜在客户		预定购车时间				预算金额	报价表	竞争产品	结果
		客户名称	接洽人（电话）	一个月内	三个月内	六个月内	一年内				

表 3-18　月别重点行动目标表

经理	汽车销售顾问
本月销售方针及计划	

重点销售车型	重点拜访客户名单	新开拓客户名单
1. 2. 3. 4. 5.	1. 2. 3. 4. 5.	1. 2. 3. 4. 5.

表 3-19　周别行动计划表

重点目标
重点销售车型
重点拜访客户名单

表 3-20　周别行动目标表

重点行动目标	星期一	星期二	星期三	星期四	星期五	星期六
1. 2. 3.						
1. 2. 3.						
1. 2. 3.						

表 3-21　月销售报告

本月市场状况			
销售目标			
实绩			
达成率			
达成原因以及失败原因分析			
数量与金额			
滞销车型情况			
滞销原因			
畅销车型情况			
畅销原因			
竞争产品情况			
下月改进事项			
要求支持			
本月立训			

第4章　与客户初次联系

学习目标：

- 熟悉初次与客户联系的注意要点。
- 掌握接近客户的技巧。
- 熟悉各种接近话语。
- 了解电话、信函、直接拜访客户的各种技巧。

4.1　初次与客户联系的注意要点

情景案例引导：

初次登门约见客户

销售人员如约来到客户办公室，开场为：“陈总，您好！看您这么忙还抽出宝贵的时间来接待我，真是非常感谢啊！〔感谢客户。〕陈总，您的办公室装修得这么简洁却很有品位，可以想象您应该是一个做事很干练的人！〔赞美。〕这是我的卡片，请多指教！〔第一次见面，以交换名片进行自我介绍。〕陈总以前接触过我们公司吗？〔停顿。〕我们公司是国内最大的为客户提供个性化办公方案服务的公司。我们了解到现在的企业不仅关注提升市场占有率、增加利润，同时也关注如何节省管理成本。考虑到您作为企业的负责人，肯定很关注如何最合理配置您的办公设备，以节省成本，所以，今天来与您简单交流一下，看有没有我们公司能协助得上的。〔介绍此次来访的目的，突出客户的利益。〕贵公司目前正在使用哪个品牌的办公设备？〔问题结束，让客户开口。〕

启示：从上面的例子可以看出，开场白要达成的目标就是吸引对方的注意力，引起客户的兴趣，使客户乐于与我们继续交谈下去。所以在开场白中陈述能给客户带来什么价值就显得非常重要。但要陈述价值并不是一件容易的事，这不仅仅要求销售人员对自己销售的产品或者服务的价值有研究，并且要突出客户关心的部分，找出我们即将带给他的产品的结合点。因为，一件物品对每个人的价值是不同的，同样购买一辆车，有的人考虑的是车子的外形，有的人考虑的是车子的安全性能，有的人则考虑的是车子的品牌等，客户关注的就是这辆车的价值所在，如果这辆车有十个好处，但客户考虑两三个好处就足以促使他购买了，因此，如何找出客户最关注的价值并将其和陈述结合起来，是开场的关键部分。

约见客户是与客户接近的开始，也是销售顾问征求客户同意接近洽谈的过程，既是销售准备工作的继续，也是与客户联系的开始。虽然约见只是求得与客户见面，但这却不是一件容易的工作，销售顾问想要跟所有客户都约见成功几乎是不可能的。遭到拒绝如家常便饭一样，但是若不能与客户见面，销售工作就无法开始了，所以约见客户也是一项有技巧的工作。

在与客户联系之前，有很多的准备工作要做，销售顾问必须制定明确的目标，准备联系客户时的适当话术及资料，才能让客户接受销售顾问的拜访理由。第一次与客户联系时，销售顾问需要做一些证实的工作，来证明信息的准确性，然后便开始约见客户。

1. 约见的内容

约见的内容主要有四个方面，简称“4W”。

（1）确定约见的对象(Who)　这是首先必须明确的问题，如果连约见的对象都不明确，那么销售活动就是盲目的。

（2）告知约见的事由(Why)　销售顾问在确定了约见对象之后，要向客户说明约见的事由，或者本次联系要商谈的内容，如车辆的具体内容。

（3）确定访问的时间(When)　这是一项很重要的内容，如果访问时间选择不当，就会使销售洽谈不顺利，甚至失败。

（4）选择访问地点(Where)　在确定访问地点的时候，有两点需要注意：一是方便客户；二是尽量避免干扰。

2. 约见的方法

汽车销售顾问想要达到约见的目的，不仅要考虑约见的对象、时间和地点，还必须认真地研究约见客户的方法。现代商务活动中常见的约见客户方法主要有电话约见、信函约见、电函约见、委托约见和广告约见。此外，还有其他的约见方法，如登门约见、名片约见等。

3. 联系自己了解的客户

销售顾问要切记，所联系的每一位有意向的客户都应该是决策的影响者或直接的决策者，销售顾问要尽可能地收集这些客户的信息，对客户了解得越多，销售顾问就会越自信。信心是可以感染的，客户若感受到了你的信心，便会对你以及对你所销售的车辆产生信心。

4. 掌握接近客户的技巧

“接近客户的前三十秒，决定了销售的成败。”这是成功销售人共同的体验，那么，接近客户到底有什么意义呢？接近客户在专业销售技巧上，我们定义为“由接触潜在客户，到切入主题的阶段。”

1）明确本次活动的主题。每次接近客户都应有不同的主题，如想和未曾碰过面的潜在客户约时间见面；想要引起客户对车辆的兴趣；想要邀请客户来店观看车辆展示；想要了解客户最近的状况；想要给客户提供车型资料等。也可以只是简单的问候，长期如此就可以跟客户建立人际关系了。

2）选择接近客户的方式。接近客户有三种方式：电话、信函和直接拜访。

4.2　接近话语

1. 接近话语的步骤

在专业销售技巧中，初次与客户进行交谈的话语称为接近话语。接近话语的步骤如下：

步骤1：称呼客户的姓、名、头衔，还有职称等。

准确地说出对方的姓名及职称——每个人都喜欢自己的名字从别人的口中说出。

步骤 2：自我介绍。

清晰地说出自己的名字和企业名称，如“您好，我是 × × ×4S 店的销售顾问张 × ×，您叫我小张就可以了。”

步骤 3：感谢客户的接见。

诚恳地感谢对方能抽出时间来跟自己见面。

步骤 4：寒暄。

根据事前对客户资料的了解，表达对客户的赞美，或结合客户的情况，选一些对方能容易谈论及感兴趣的话题。

步骤 5：表达拜访的事由。

自信、清晰地表达出拜访的理由，让客户感觉到你很专业及可信赖。

步骤 6：讲赞美的话及询问。

俗话说：良言一句三冬暖。有心理学家指出：每个人都有渴望被别人赞美的心理期望，在被赞美之后，总是喜不自胜。每个人都是希望被赞美的，销售顾问可以在赞美之后，以询问的方式引起客户的注意、兴趣及需求。

2. 接近的注意要点

（1）记住客户的名字　每个人都希望受到别人的重视，重视别人的名字，就如同看重其本身一样。一名出色的汽车销售顾问，总能在第一次见面之后就记住客户的名字，这样在下一次见面的时候就能准确地称呼他们了。销售顾问如果在面对客户时能够经常以及流利且不断地以尊重的方式称呼客户的名字，客户就会对销售顾问产生好感，且好感会越来越强。

（2）在自我介绍时递名片　在进行自我介绍的时候，名片是一个很重要的工具，既方便，又体面。当然，递名片的时候也不能太过随意，要讲究一定的礼仪，否则会给人留下草率、马虎的印象。

1）选择最佳时机。有很多销售顾问都是在客户要离店的时候才本能地递上自己的名片，并索要客户的联系方式，其实这个时候递名片是错误的，因为你们的此次洽谈已经结束了，在这个时候要客户的联系方式是很困难的，客户会觉得你的动机太过明显，客户不愿意留下联系方式就是为了避免被打扰。销售顾问应该在作自我介绍的时候递上名片。例如，“您好，我是这里的销售顾问张 × ×，您叫我小张就可以了，这是我的名片。”以礼尚往来的角度来说，这时，你就可以向客户索要名片或者联系方式了。

2）动作要规范。递名片的时候，要把正面对着客户，名字也要向着客户，这样客户便能快速地阅读名片上的信息；递名片时，要双手拿着名片的两角，速度适中，自然地从胸前递向客户，这样客户能感受到你对他的尊重。记住，千万不能把名片放在桌子上面，然后推向客户。同样，在接客户名片的时候，也要双手接名片，这是对客户的尊重。接过名片后，要对客户致谢，并认真阅读名片上的内容。

3）技巧。为了防止客户将名片丢掉，或者忘记从展厅拿走，销售顾问可以把自己的名片钉在车型资料上面，这样客户在其他地方看资料，有什么疑问的时候，也方便打电话来咨询。

（3）寒暄——与客户套近乎　当客户在洽谈区已经入座，销售顾问并不用急着进入主题，可以选择先接近客户，了解客户的需求。可以跟客户寒暄几句，拉拉家常，聊聊客户的专长、爱好，客户的优点，今日的天气、新闻等都是可以的，只要是能引起客户兴致的都可以作为寒暄的话题。对于寒暄时的语气，销售顾问同样不能忽视，以下三点寒暄的注意事项(表4-1)需要注意：

表4-1　寒暄的注意事项

● 主动热情，诚实友善	寒暄时选择合适的方式和语句是很必要的，但合适的方式和语句是依赖于主动热情、诚实友善的态度的。只有将这三者结合起来，寒暄的目的才能达到
● 适可而止，因势利导	不管做什么事情，都要有个“度”，寒暄亦是如此。适当的寒暄有利于推进销售工作，可是切忌没完没了，客户有兴致也不能例外。销售顾问要学会找切入点，巧妙地言归正传，这才体现了寒暄为销售工作起到的铺垫作用
● 集中精神，用心聆听	与客户交谈的时候，要集中精神，注视着客户，观察客户的言行举止，不要左顾右盼，坐姿东倒西歪，说话没条理，也不可总是看手表、玩笔、玩手机等，否则客户会认为你对他不上心，不尊重他而愤然离开。当然，聆听也是很重要的，销售顾问要用心聆听客户的话，从客户的话中，了解其需求。在谈话的时候，最好有适当的对答，如果一直是一个人在说，那么说话的那个人会很累，听的那个人也很容易疲倦

有时候，寒暄在销售过程中会起到很重要的作用，可是不恰当的寒暄很有可能就会弄巧成拙。销售顾问要注意：寒暄并不是客户接待中的一个必要的环节，是要根据具体情况来调整的。有些客户一进展厅，就直接到自己的意向车型前，咨询车辆性能以及价格问题，在这种情况下，销售顾问的寒暄就是多余的，碰到性急的客户反而会认为销售顾问拖沓、有意避讳，很可能会使客户产生反感的心理。

(4) 赞美　下面是一个理发师的故事。

理发师

某理发师带了个徒弟。徒弟学艺三个月后正式上岗，他给第一位顾客理完发，顾客照照镜子说：“头发理得太长。”徒弟无语。

师傅在一旁笑着解释：“头发长，使您显得含蓄，这叫藏而不露，很符合您的身份。”顾客听罢，高兴而去。

徒弟给第二位顾客理完发，顾客照照镜子说：“头发剪得太短。”徒弟又无语。

师傅笑着解释：“头发短，使您显得精神、朴实、厚道，使人感到亲切。”顾客听了，欣喜而去。

徒弟给第三位顾客理完发，顾客一边交钱一边笑道：“花时间挺长的。”徒弟还是无语。

师傅笑着解释：“为‘首脑’多花点儿时间很有必要，您没听说‘进门苍头秀士，出门白面书生’吗?”顾客听罢，大笑而去。

徒弟给第四位顾客理完发，顾客一边付款一边笑道：“动作挺利索，20分钟就解决问题了。”徒弟不知所措，沉默不语。

师傅笑着抢答：“如今，时间就是金钱，‘顶上功夫’速战速决，为您赢得了时间和金钱，您何乐而不为?”顾客听了，欢笑告辞。

晚上打烊后，徒弟怯怯地问师傅："您为什么处处替我说话？反过来，我没一次做对过。"

师傅宽厚地笑道："不错，每一件事都包含着两重性，有对有错，有利有弊。我之所以在顾客面前那样说，作用有二：对顾客来说，是讨人家喜欢，因为谁都爱听好话；对你而言，既是鼓励又是鞭策，因为万事开头难，我希望你以后把活儿做得更加漂亮。"徒弟很受感动，从此，越发刻苦学艺。日复一日，徒弟的技艺日益精湛，终于成为了一代名师。

启示：好话就像好吃的糖果，大多数人都喜欢。而能否口出"吉言"，其关键还在于我们的思想。思想僵化的人，其语言必定贫乏；思想开放的人，其语言也必定鲜活。

1）合理选择赞美的内容。赞美的内容可以是很平常的事物，如客户的一条领带、一个抢眼的发夹、流行的发型和新潮的服饰等。一个成功的销售顾问可以在有一百个缺点的地方找出一个优点来赞美，而一个失败的销售顾问只能在有一百个优点的地方找一个缺点来批评。但是，要选择恰当的赞美点，有些客户爱炫耀，他们就喜欢被人夸事业有成；有些客户爱美丽，他们就喜欢别人夸他的衣服好看，很时尚；老年人喜欢别人称赞其身体健康；客户带着小孩子一起来看车，销售顾问就可以选择夸客户的小孩漂亮、可爱等。

2）赞美的技巧。赞美是一件好事，可不是一件容易的事。赞美客户的时候，如果不审时度势，不掌握一定的赞美技巧，即使你是真诚的，客户不仅不会满心欢喜，可能还会心生厌恶，这样好事就变成了坏事。所以开口前一定要掌握以下技巧：

① 情真意切。赞美是要基于事实的，必须是发自内心的赞美，如果没有任何根据、虚情假意地赞美别人，客户会觉得你莫名其妙，甚至觉得你虚伪诡诈。真诚的赞美才能让被赞美的人产生心理上的愉悦感。

② 合乎时宜。赞美也是要讲究分寸的，应见好就收，适可而止。过分的赞美会让客户觉得你虚伪。通常情况下，在销售洽谈中，赞美只能用一两次，毕竟客户是来咨询车、买车的，赞美只是为了拉近销售顾问同客户的距离。

③ 注意语言。赞美客户的时候，尽量不要使用业务上的应对语言，而是使用发自内心的、自然的语言来赞美。

汽车销售顾问在销售过程中要学会赞美客户，这也是一种销售技巧，特别是当客户做出购买决定后，更应该对他们的决定表示赞许，之所以有一部分客户会后悔做出的决定，问题也就出在这里。

如果销售顾问此时不懂得进一步建立客户自信的话，他们就会反过来怀疑自己的决策是否出现了问题。要建立客户的自信，要求销售顾问做到以下两点：

- 实事求是。对于客户不在行的地方，千万不能恭维他们，如果真这样做了，反而会引起客户的反感。当然，也不能指出他们什么都不懂。
- 赞美客户时应夸在点子上。如果在沟通中发现客户对汽车比较了解，销售顾问就应夸客户比较专业；如果客户在品牌的选择上钟情于知名品牌，宜赞美客户有品位。对于不同的情况，应作不同的处理，不可千篇一律。

案例：

下面列举一个如何赞美客户的例子。

客户：我就喜欢 A 车的外形。

销售顾问：您真有眼光，很多客户就是冲着这一点购买了 A 车。

客户：A 车的宽度正好可能通过我们家的那条巷子。

销售顾问：通过性是微型轿车最大的特点，根据您家所在地区的道路情况，您选择 A 车非常正确。

在汽车销售中，如果客户发表了对后续销售有利的看法，销售顾问又及时给予了赞美，将会大大增强客户购买的欲望与信心，同时也是尊重客户的一个重要表现。销售顾问对客户的重视与尊重，会促进客户购买的进程，这也是汽车销售顾问最希望达成的目标。

汽车销售顾问的赞美，是对客户给予一种欣赏和肯定，将会加深客户对销售顾问的认同感，只有懂得欣赏和接纳别人的人才能被别人所欣赏和接纳。

4.3 电话约见客户的技巧

1. 电话约见的准备技巧

除了本章 4.1 节介绍的约见内容准备“4W”之外，电话约见也有一些准备工作。

（1）心理准备　作为一个销售顾问，就必须去克服对电话约见的恐惧或排斥等心理障碍。电话会谈失败或者找不到客户，这都是经常会发生的情况，应勇敢地跨出第一步。自古成功在尝试，如果没有亲耳听过一百个“不”，“是”这个美好的词，是不会出现的。有一个不怕输、不怕被拒绝的心理准备，就算客户说“不”，销售顾问也不会那么失落而影响后面的工作。打电话给客户也不是一件不起眼的工作，要知道，真正做好电话约见是一件相当不简单的事，所以销售顾问要以极其认真的态度来对待这项工作。

（2）技术准备　首先，销售顾问心中要明确，自己所代表的是公司的形象、公司的车型以及公司的服务，所以就必须相信自己的价值，这样销售顾问说起话来就更加有信心和热诚了。心中牢记一套电话的话术是相当有必要的，不要害怕被拒绝，一直练习，直到你有了一套属于自己的电话约见话术。

（3）选择适当的时间给客户打电话　如果在不适当的时间给客户打电话，对方会觉得你已经打扰了他，反感的情绪就产生了，不利于下面工作的进行。所以，销售顾问必须清楚客户工作的性质或者工作的时间，当然也可以在之前询问客户什么时候方便给他打电话。

不同职业者的接触时间可参考表 4-2。

表 4-2　不同职业者的接触时间

职　业	接 触 时 间
● 会计师	切勿在月头和月尾，最好是在月中
● 医生	上午 11 点后和下午 2 点前，最好的日子是雨天
● 汽车销售顾问	上午 9 点前或下午 5 点后，热天、冷天或雨天会更好
● 导游	避免在周末的时候
● 行政人员	上午 10 点后到下午 3 点为止

（续）

职　业	接触时间
● 股票行业	避免在开市后，最好在收市后
● 银行家	上午 10 点前或下午 4 点后
● 公务员	避免在工作时间内，切勿在午饭前或者下班前
● 艺术家	早上或中午前
● 药房工作者	下午 1 至 3 点，避免在天气转变的日子里
● 饮食行业	避免在用餐时间，最好是下午 2 至 3 点
● 建筑业	清早或收工时
● 律师	大约上午 10 点前或下午 4 点后
● 教师	大约在下午 4 点后，放学的时候
● 零售商	避免在周末或周一，最好是下午 2 至 3 点
● 工薪人士	最好在晚上 8 至 9 点
● 主妇	最好是早上 10 至 11 点
● 报社或印刷业	最好在下午 3 点以后
● 商人	最好在下午 1 至 3 点
● 忙碌的高层人士	最好是在上午 8 点前，即秘书上班之前。成功人士多数是提早上班，晚上也比较晚下班

（4）避免事项

1）切勿在电话中介绍车辆，更不能向客户提及车辆的效果。应保持神秘感，关于车辆的价格以及车辆的性能，等到与客户见面了再谈。

2）不要在电话中分析市场大事，不要在电话里评价哪家公司好或者不好，这样容易引起客户的反感。

3）不能在电话中与客户产生争执，更不要教客户做事的方法。

4）不能在电话中说得太多、说得太详细。

每个电话的时间控制在三分钟以内，每天拨打电话的时间总和控制在两个小时以内。工作时间过长，反应会变迟钝，心情也会变得不好，影响后面的工作。一般情况下，前面半个小时比较生疏，慢慢地才能进入状态。给客户打电话需要一个舒适安静的环境，这样，在拨打电话时能够集中精神去思考对话的内容。之后，销售顾问可以制定一个拨打电话的时间表，把拨打电话作为每天工作的一部分。另外，在拨打电话之前，在工作范围之内，要准备好一切要用的东西，如笔、便笺纸、地图、时间本等。同样，在拨打电话的过程中，销售顾问不能做任何与工作无关的事情，如与他人交谈、看报纸、吸烟和吃东西等。

销售顾问不能忘记打电话给客户的目的，目的就在于找一个见面的机会，如果客户答应了，销售顾问应及时确定好见面的时间，而且在挂断电话之前跟客户重复一下时间，进行再次确认，之后便可安排后面的工作了。

2. 电话约见的方法

电话约见是一种常被销售顾问用来约见客户的方法。通常情况下，约见老客户，电话约见会更加方便、快捷、效率高。但是对于从未谋面的客户来说，电话约见的难度会比较大，要求销售顾问必须迅速切入主题，这就需要销售顾问掌握一定的约见技巧。电话约见有以下两种方法可供参考。

（1）强调利益法　强调利益，顾名思义就是强调产品将带给客户的利益，以此来吸引客户。

案例：

“王经理，您好，我是×××4S 店的销售顾问张××，我们公司最近××车型在做活动，优惠幅度比较大，我想您肯定会有兴趣，您看您什么时候方便来我们店里或者我去拜访您一下，明天可以吗?”

（2）信件预寄法　信件预寄法是汽车销售顾问先将车型资料、报价单等有关资料寄给客户，再打电话询问客户的想法，以达到跟客户见面的目的。

案例：

“王经理，您好，我是×××4S 店的销售顾问张××，上个星期我给您寄去的资料，您收到了吗？您最中意哪款车型呢?”

信件预寄法显示了销售顾问对客户的尊重，容易让客户产生好感，被拒绝的可能性比较小。

电话约见这个方法迅速及时，在电话已经普及的情况下显得更加方便、灵活，也避免了销售顾问当面被拒绝所遭遇的尴尬。

4.4　使用信函约见客户的技巧

信函约见是指汽车销售顾问通过信函的方式(如约见信函、请帖等)来约见客户。信函是比电话更为有效的传递媒体。虽然随着时代的进步出现了很多新的传递媒体，但多数人始终认为信函比电话更显得尊重他人一些。

一般情况下，信件的内容包括问候、寄信的主旨、拟拜访的时间，同时附上广告小册子。一般信件的写法就是“……届时倘有不变，请在所附明信片上，指定合适的时间……”所以，销售顾问事先要在明信片上写上“……月……日，上/下午……点”，这样客户填写起来也更加方便，增加客户的好感。

还有就是，销售顾问在寄信函之前，要考虑客户的职业或者住所是否适合收信函，如果不适合，就要考虑其他的约见方法，否则注定信函约见的方法是失败的。销售顾问一定要对办公地址和住所加以详细分辨、思考，否则胡乱地将信件寄出，约见信难免会被人当垃圾信件扔掉，就会造成巨大的人力、财力和时间上的浪费。

1. 销售信函必须具备的元素

一个有效的销售信函应具备以下三个元素：

（1）信封　建议在信封上印上或者用图章盖上一句字体大一些的语句：“这就是您需要的全部信息”。没有这句话，收到信的客户可能就会认为这是多而无用的直邮广告品，会随手一扔，不予理会。在信封上面写上这是客户所需要的东西，客户至少会打开信封，阅读里面的内容。

（2）车辆简介　在整个信件中，最重要的就是车辆简介以及相关的图文资料，还可以附上广告、车辆目录、广告小册子等，以引起客户的兴趣，让客户愿意和你见面。如果可以，还可以附上自己的照片，让客户心里更加踏实。如图 4-1 所示为卡宴的三款车型，如图 4-2 所示为荣威 550 的广告宣传。

图 4-1　卡宴的三款车型

图 4-2　荣威 550 的广告宣传

（3）其他促销性的图文资料　销售顾问可以选择将某些客户的交车照片、一些技术性资料、简单实用的说明书、公司简介，以及客户对于某一问题的看法或某个事件的亲身经历和感受等一并寄给客户。公司简介如图 4-3 所示。

2. 撰写销售信函的技巧

撰写销售信函的技巧主要有三点，如图 4-4 所示。

图 4-3　公司简介

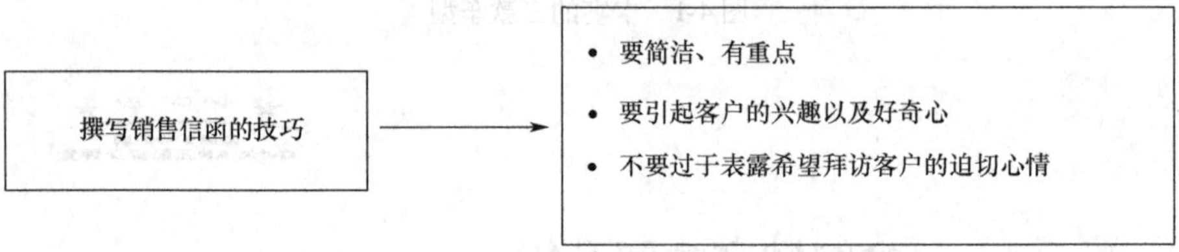

图 4-4　撰写销售信函的三个技巧

3. 信函约见的优缺点

1）信函约见的优点。①目的容易达到。信函可以不受限制地送达特定的客户手中，只要信件内容能够引起客户的兴趣就能使客户积极回应。②费用低。信函约见的成本比其他约见方法的成本要低。③体裁自由。销售顾问可以不受时间限制，对约见信函进行精心设计，避免了各种失误和不当之处。

2）信函约见的缺点。①时间长。不适用于紧急约见。②反馈率低。有一些客户还是会把信件扔到一边或者不重视，不了了之。③无法详细解答客户的疑问。信函是一种单向的信息传递。

一般在信函寄出的半个月左右，销售顾问就可以同客户进行电话联系了，这样效果会好一些，只是单纯的信函约见方法，得到回应的概率是很小的。

4.5　直接接近客户的技巧

直接接近客户有两种形态。一种就是事先已经跟客户约好了见面的时间、地点以及访问的大致内容，这样有利于销售顾问提前准备好拜访客户的所有资料。另一种就是俗称“扫街”的接近客户的方法，这种方法是事先没有同客户进行联系，直接到客户的住所进行拜访。通常情况下，初次进行直接拜访，销售顾问要具备以下四点：

① 让客户对你产生好感。

② 引起客户对你的注意。

③ 针对不同对象有着不同的访问技巧。

④ 全面评价客户并完善客户资料卡。

1. “扫街”的目的

“扫街”的目的就是找出有望的潜在客户，并设法与关键人物会谈，努力收集潜在客户的资料。

“扫街”的功能很强大。一位有经验的汽车销售顾问到潜在客户的住所进行“扫街”，通过自己亲眼所见、亲耳所闻的实际体验，能根据购买欲望及购买能力两个基准，判断出潜在客户是否能成为有望客户。接近客户最好的方法就是面对面地寻找客户，可这也是最耗时的方法。同时，由于潜在客户的时间都非常宝贵，销售顾问得到这种约见的次数也是很少的。

成功的“扫街”能给销售顾问带来很多有利的机会。例如，销售顾问能够在与客户交谈的过程中判断出客户的购买潜力；能在极短的时间内收集客户的资料，完善客户资料卡，以供日后安排拜访用；能有效地了解销售区域特性。同是这也是锻炼销售顾问销售技巧的最好办法。

“扫街”的好处虽然有很多，可是一些刚刚入行的销售顾问却对“扫街”有所畏惧。因为是突然的拜访，客户很有可能将你拒之门外，很多企业甚至在门上贴着“销售勿入”的警示。太多的拒绝容易摧毁一名销售员的意志，不少销售顾问由于无法突破这道关口而半途而废，转入其他的行业。被拒绝是必然会发生的，保持高度的热情以及坚持不懈的毅力才会成功。

完成“扫街”后，销售顾问可利用前面提到的MAN法则来判断客户购买欲望和购买能力的强弱。

对客户购买欲望的分析要从客户对车辆的关心程度、是否表明自己的各项需求、对品牌是否信赖、对车辆是否表示出疑虑以及对销售公司是否有好的印象等方面来进行分析。

对客户购买能力的分析则是从客户的财力状况和支付计划来进行分析。

对购买欲望及购买能力这两个因素进行判断后，将准客户分为以下三个类型：

① 成熟客户。成熟客户是指一个月内有可能产生购买行为的准客户。

② 有望客户。有望客户是指三个月内可能产生购买行为的准客户。

③ 潜在客户。潜在客户是指超过三个月，在未来可能产生购买行为的客户。

2. “扫街”的技巧

成功地完成“扫街”必须突破一些关口，一开始你就会碰到一类群体，这一类群体称为“看门人”，如企业入口处的服务人员、秘书等，对于这类人，销售顾问不能忽视他们、绕过他们，而是尝试着去听取他们的意见，以表示对他们的尊重，也可以顺便了解一些公司或客户的情况。这就需要销售顾问灵活运用一些技巧，以顺利完成销售目标。

（1）面对接待员　要用清晰、坚定的语句告诉接待员你的意图。

案例：

“您好。我是×××4S店的销售顾问张××，请通知总务处李处长，我来拜访他。”

首先，销售顾问必须面带笑容，但切不可过于谄媚。由于是突然拜访，如何知道总务处处长姓什么呢？这时应伺机询问企业进出的员工，如“总务处王处长的办公室是不是在这里”，对方就会告诉你总务处处长姓李不姓王。

同样，你要告诉接待员，你要找总务处的王处长。接待员会说总务处只有李处长，此时，你可说抱歉，记错了。知道拜访对象的姓及职称后，你最好说出哪个部门的哪个处长，或是直接说出名字，这样能让接待员认为你和受访对象很熟。你要找的关键人士可能不在办公室，因此你心里事先要准备好几个拜访对象，如李处长不在时，你可拜访总务处的经理和科长。有些企业由于进出人员频繁，接待员不管太多的事情，此时，也许你只要轻描淡写地说“我是×××4S店的销售顾问张××”，就能顺利进入企业了。和拜访对象完成谈话离开企业时，一定要和接待员打招呼，同时请教他的姓名，以便下次见面时能立刻叫出他的名字。

(2) 面对秘书　向秘书介绍自己，并说明来意。

案例：

“我是××4S店的销售顾问张××，我要向李经理报告有关车辆保养维修的事项，麻烦您转达。”

向秘书说明来意时，尽量用简短、抽象的字眼或用一些较为深奥的专业名词，让秘书认为你的拜访很重要。如果关键人士不在或者正在开会时，你可依照下列步骤处理：

• 请教秘书的姓名。

• 请秘书将名片或资料转交给拜访对象，同时在名片上写上“×月×日，拜访未能谋面，拟于×月×日×时，再专程拜访”。

• 尽可能从秘书处了解一些关键人士的个性、作风、兴趣爱好及裁决途径等。向秘书道谢，并请他提醒关键人士有关下次拜访的时间。

秘书向关键人士转达你的来意及可能发生的状况处理如下：

• 秘书请你会见关键人士。

• 秘书转达关键人士想知道销售顾问来访的目的。

此时，销售顾问要能让秘书转达一些让老板感兴趣的、可引起关键人士兴趣的一些话语。例如，“我想向××总经理报告有关如何节省车辆维修费用的事情，以节省开支”。

• 秘书转答说关键人士现在很忙，没有空。此时，销售顾问可表示愿意等30分钟或要求关键人士约好下次见面的时间。

• 秘书转答说要销售顾问找第三者接洽。此时，销售顾问可以以关键人士的指示为由，会见第三者。会面后应确认第三者是否有权力决定签约，如果他没有权力签约时，你可以以向关键人士报告讨论的结果为由，和关键人士约好会面的时间。

(3) 会见关键人士　会见关键人士时，你可以运用接近客户的谈话技巧。

结束谈话后告辞的技巧如下：

① 感谢对方抽出时间会谈。

② 提醒此次谈话中可能要商讨的事项，以备下次再谈。

③ 出门前轻轻向对方点头，面对关键人士将门轻轻扣上，千万不可背对关键人士关门，要向秘书、接待员打招呼。

第 5 章　如何作有吸引力的车辆介绍

学习目标：

- 了解访问前销售顾问应做好哪些准备工作。
- 熟悉初次接待客户的技巧。
- 掌握六方位绕车介绍法。
- 掌握在联络客户和跟进客户的过程中的各种技巧。
- 掌握购买心理六阶段及有效的开场白。

5.1　访问前应做好的准备工作

情景案例引导：

老农与售车小姐

一个炎热的午后，一位身穿汗衫、满身汗味的老农伸手推开汽车展示中心的玻璃门，一位笑容可掬的售车小姐马上迎上来并客气地问："大爷，我能为您做什么吗？"老农腼腆地说："不用，外面太热，我进来凉快一下，马上就走。"小姐马上亲切地说："是啊，今天真热，听说有37℃呢，您肯定热坏了，我帮您倒杯水吧。"接着，她便请农夫坐在豪华沙发上休息。"可是，我的衣服不太干净，怕弄脏沙发"，农夫说。小姐边倒水边笑着说："没关系，沙发就是给人坐的，否则，我们买它做什么？"喝完水，老农没事便走向展示中心内的新货车东瞧西看。这时，小姐又走过来问："大爷，这款车很不错，要不要我帮您介绍一下？""不要！不要！"老农忙说，"我可没钱买"。小姐说："没关系，以后您也可以帮我们介绍啊。"然后，小姐便逐一将车的性能解释给老农听。听完，老农突然掏出一张皱巴巴的纸说："这是我要的车型和数量"。小姐诧异地接过来一看，他竟然要订八台货车，忙说："大爷，您订这么多车，我得请经理来接待您，您先试车吧……"老农平静地说："不用找经理了，我和别人合伙投资了货运生意，需要买一批货车，我不懂车，最关心的是售后服务，我儿子教我用这个方法来试探车商。我走了几家，每当我穿着同样的衣服进去并说没钱买车时，常常会遭到冷落，这让我有点难过，只有你们这里不一样，你们知道我不是客户还这么热心，我相信你们的服务……"

启示：真诚地对待每一位客户是我们的工作，虽然每个人都懂，但不一定每个人都能做到，从小事做起，只要不断坚持，销售顾问自身就已经是一个诚信的品牌。

在汽车销售的过程中，最大的问题就是汽车销售顾问没有足够的时间处理或者回避一些不良问题。有权威数据显示，销售顾问树立一个良好形象的时间是十秒至几分钟。在这短短的时间当中，客户会立即形成对销售顾问的印象，并判断其是否值得相信或者进一步了解。

那么，在这之前，销售顾问该做些什么准备工作，以避免一些不良问题的发生呢？

1. 汽车销售顾问自身的准备

1）汽车销售顾问的仪容仪表应干净整洁，具有良好的个人素养和行为礼仪以及良好的语言表达能力。如果一个销售顾问的穿着邋遢，言语不文明，肯定没有人缘，自然也就没有客户肯在这样一个人手里买车。

男销售顾问的标准着装如图 5-1 所示，男销售顾问仪表注意事项如图 5-2 所示。

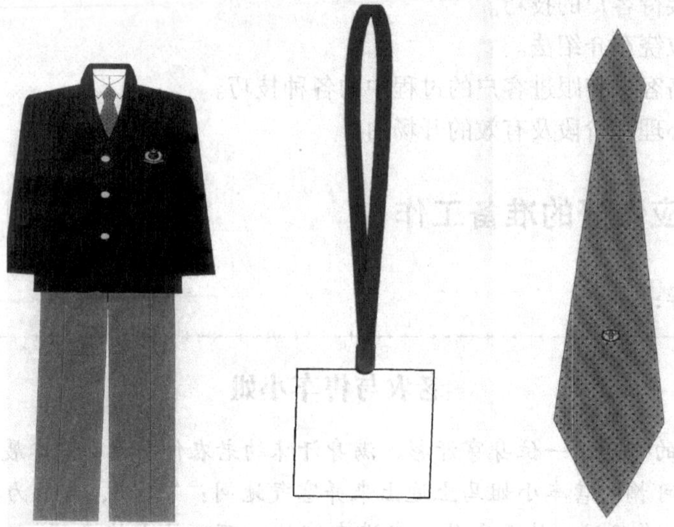

图 5-1 男销售顾问的标准着装

女销售顾问的标准着装如图 5-3 所示，女销售顾问仪表注意事项如图 5-4 所示。

良好的第一印象很重要，专业化的外观可以将企业所具有的能力、组织形式传达给客户，使客户产生信赖感。

2）作为一名合格的汽车销售顾问，销售顾问文件夹是必不可少的。而在这个销售顾问文件夹中，必须包括的资料见表 5-1。

表 5-1 销售顾问文件夹中所需资料

文件夹中所需资料
• 名片 • 公司介绍资料 • 公司现有车型资料和选装附件介绍资料 • 车型价格明细单 • 贷款明细单 • 有关售后维修服务的所有资料 • 竞争车型资料 • 订车合同 • 客户记录卡 • 计算器 • 笔 • 记事本

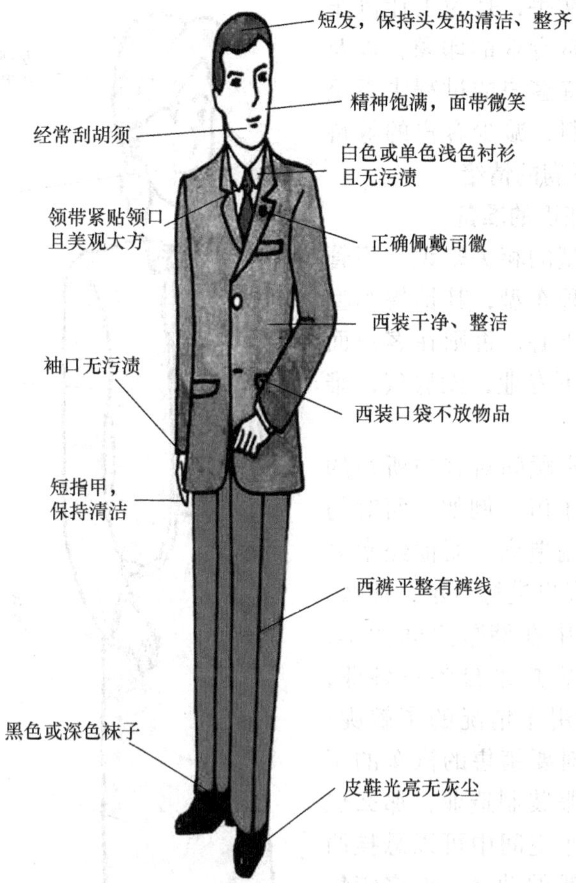

图 5-2　男销售顾问仪表注意事项

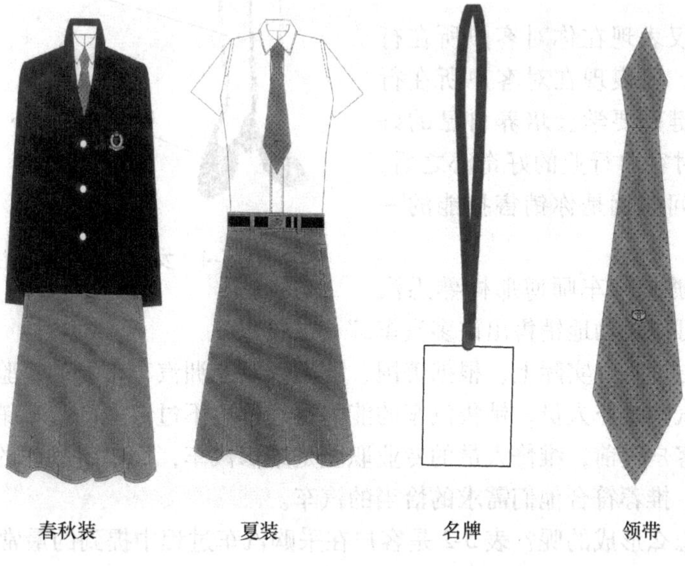

图 5-3　女销售顾问的标准着装

销售顾问文件夹在手，是为了让汽车销售顾问给人留下非常专业的印象，以及使汽车销售顾问在接待客户的过程中不至于手忙脚乱地去找资料，减少客户的等待时间，避免客户产生不满的情绪。

2. 汽车销售顾问知识的准备

（1）公司所有车型的相关知识　不管销售顾问销售的是何种车型，其销售车型的产品知识必须熟记于心，否则在客户面前会显得神不守舍，不专业，没底气，难以得到客户的信任。

相关知识是指销售顾问对客户所在的行业在汽车使用上的了解。例如，面对的潜在客户是一个礼品制造商，而他经常需要用车带着样品对其客户进行展示，那么，他对汽车的要求将集中在储藏空间大小、驾驶时是否平顺等。客户来自各行各业，如何做到对不同行业用车情况的了解呢？其实，该技能基于你对要销售的汽车的了解。例如，客户从事服装制造业，那么也许客户就会用到在汽车空间中可以悬挂西服而不会导致西服褶皱的功能。许多销售顾问对客户用车习惯的了解都是从日常工作开始的。

行业知识不仅表现在你对客户所在行业用车的了解上，还表现在对客户所在行业的关注上。关键是要学会培养自己的好奇心。当你有了对客户行业的好奇心之后，关切地提出你的问题就是你销售技能的一种表现了。

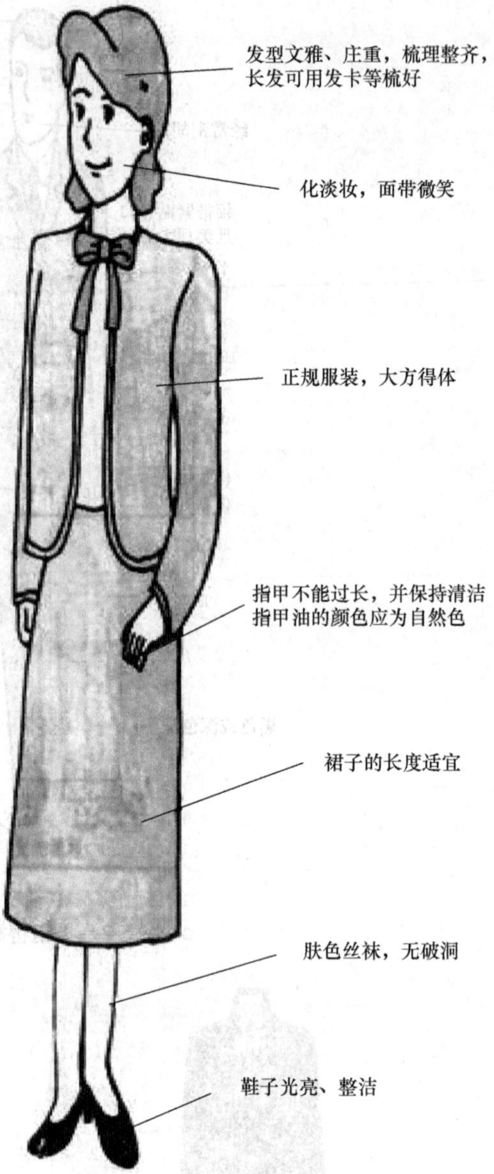

图 5-4　女销售顾问仪表注意事项

“如果我能够像修车师傅那样熟悉汽车，那么我一定可以成功地销售出许多汽车。”

这种看法有道理吗？实际上，根据美国、欧洲以及亚洲汽车市场的经验，经过对比，即使素质非常好的汽车维修人员，销售汽车的能力也远远比不过专业的汽车销售顾问。因为在购买汽车的潜在客户面前，维修人员的专业职能是维修汽车，而销售顾问的专业职能是根据客户的切实需求，推荐符合他们需求的恰当的汽车。

这个看法是怎么形成的呢？表 5-2 是客户在采购汽车过程中提到的最常见的问题。

表 5-2　常见问题列举

1. 内饰有哪些选择？
2. 百米加速表现如何？
3. 可以载重多少？
4. 越野性能怎么好？
5. 气囊有几个？气囊是如何起作用和使用的呢？
6. 制动系统与以往的有什么不同？
7. 没有丰田的豪华配置吧？
8. 比路上公务舱贵多了，在价格上有没有商量呀？
9. ABS 是几通道的？
10. 是双顶置凸轮还是单顶置凸轮呢？

2001 年，圣路可商务顾问有限公司经过对汽车消费者的调研后发现，中国汽车消费者在完整的汽车采购过程中，大致会问到 48 个问题，这些问题可以归纳为三个方面：商务问题、技术问题以及利益问题。

付款方式方面的问题都属于商务问题，甚至讨价还价的问题也属于商务问题。商务问题的定义是：所有有关客户采购过程中的与金额、货币、付款周期及其交接车时间有关的问题，都属于商务问题。

技术问题很容易理解，即所有有关汽车技术方面的常识、技术原理、设计思想、材料的使用等都可以归纳为技术问题。

客户所关心的对自己使用汽车产生的作用方面的问题都属于利益问题。如“四通道 ABS 对行车安全有什么帮助？”这一问题就属于利益问题。

客户在采购汽车的过程中问到的许多问题，表面上看多数是商务问题或者是技术问题，但其实质还是利益问题。在某种程度上，客户关心 ABS 的通道似乎是一个技术问题，但其实，客户关心的是这个通道对行车安全有什么帮助。根据这个描述，请将以上的十个问题进行归类，并且说明哪些技术问题的实质是利益问题。

经过对 894 个汽车消费者问卷的统计，客户实际上更加看重汽车销售顾问对客户利益的理解程度，也就是说这些问题能给客户带来什么好处。例如，在客户所提出的问题中，表面是技术问题，但实质是利益问题的数量占总提问数量的 73%，绝对的技术问题占 9%，服务问题占 18%。

从这个调研的结果就可以理解汽车销售顾问为什么要提高自己对汽车技术知识的了解和掌握，因为绝大多数的技术问题其实还是利益问题。

（2）对客户的认知　汽车销售顾问对于所接触到的洽谈人员，其年龄、性格、兴趣、学历、经历、背景以及家庭状况等，都应该了如指掌。无论是哪一种类型的客户，他们最关心的肯定是他们自己，而不是销售顾问。汽车销售顾问在接待的过程中，千万不能忘记双方的立场，不能一味地强迫客户去接受自己的观点，那样的话，结果必定是失败的。

了解一个人首先应该了解什么呢？目前，社会上非常流行用年代来区分不同的人，如有这样的说法，60 年代的人、70 年代的人、80 年代的人以及 90 年代的人。所以说，首先要了解的是到展厅的潜在客户普遍属于哪个年龄段。

第二要了解的是什么呢？一般影响一个人的行为举止的最大因素就是其所受的教育程度，因此，了解到展厅的潜在客户的学历情况就非常重要了。

第三要了解的是客户从事的具体工作或者其在工作中的地位、职位影响力等。

有了这三种信息，作为销售顾问，已经基本上可以为你的潜在客户画一个肖像了。例如，对于生于70年代的消费者来说，他们比较成熟，一般不会轻易改变自己的既有看法。他们一般在了解自己所不了解的东西时，倾向于运用已知的、过去被反复运用的方法来形成自己的看法。他们的学历倾向较高，或者至少在向高的方向发展，因此，他们在判断事物的时候，通常会运用逻辑思维，会理性地思考、独立地思考，而不会被煽动和蛊惑。他们比较理智，更善于排斥感性对他们的影响，而且会对感性的销售顾问更加警惕。他们一般在自己的工作岗位上有一定的权力，因此，习惯在复杂的局面下进行各种复杂的、责任重大的决策，而采购一辆汽车这一决策对于他们来说，并不是一个多么复杂的决策。他们承认风险的存在，把金钱理解为一种投资，而不是一个固定的数字。此外，他们所属机构的性质也影响他们的偏好。

接下来，请结合你自己的销售实践来对以下问题作一个基本的判断。

- 他们的年龄如何？
- 他们的学历如何？
- 他们的经济能力如何？他们的预算是多少？
- 他们购车的用途是什么？
- 他们多数服务于什么类型的企业？
- 他们倾向问什么问题？
- 他们最看重哪类问题？
- 他们用车最苦恼的是什么？

（3）竞争车型分析　在销售过程中，谈及竞争车型是常有的事。前面讲过在销售顾问文件夹中必须有竞争车型的资料，一来销售顾问务必先了解是何种竞争车型，对比出其相对于自己公司车型的优势和劣势；二来在销售过程中，销售顾问跟客户讲的内容都是有据可依的，销售顾问可以把竞争车型的资料给客户看，这样的销售方法会显得强而有力。所以，销售顾问在接待客户之前就必须总结出对比车型的优势和劣势，要打一场有准备的战。但是也要注意，在谈及竞争车型时，虽然销售顾问知道对比车型的劣势，但也不要过多地评价对比车型的不足，这样容易引起客户的反感。

（4）资料的准备　汽车销售顾问必须十分熟悉所有销售资料和手册的顺序，以便能够自信、快速地查找需要的信息。

首次约见客户时，销售顾问必须准备一套可以留给客户的介绍资料，包括以下内容：工牌、型录（现有公司车型和选装附件介绍资料）、名片、公司介绍材料、致客户的标准信件、价格明细、技术规格和参数、车辆报告、有关公司和竞争对手车型比较的杂志文章、有关维修服务的全部资料，同时还要携带客户记录卡、订购单、计算器、日记和笔等。

案例：

小菲具有丰富的车辆知识，对客户的需要也很了解。在拜访客户前，他总是先掌握客户的一些基本资料。小菲常常以打电话的方式先和客户约定拜访的时间。

从上午七点开始，小菲便开始了一天的工作，除了吃饭的时间，始终没有闲过。下午五点半有一个约会，小菲利用下午四点至五点半这段时间给客户打电话，向客户约定拜访的时间，以便为下星期的推销拜访预作安排。

打完电话，小菲拿出数十张卡片，卡片上记载着客户的姓名、职业、地址、电话号码等资料以及资料的来源。卡片上的客户都是居住在市内东北方的商业区内。小菲选择客户的标准包括客户的年收入、职业、年龄、生活方式和嗜好。

小菲的客户来源有三种：一是现有的客户提供的新客户；二是小菲从报刊上的人物报道中收集的客户；三是从职业分类上寻找到的客户。

在拜访客户之前，小菲一定要先弄清楚客户的姓名。例如，小菲想拜访某公司的执行副总裁，但不知道他的姓名，小菲会打电话到该公司，向总机人员或公关人员请教副总裁的姓名。知道了姓名以后，他才进行下一步的推销活动。

小菲拜访客户是有计划的。他把一天当中所要拜访的客户都选定在某一区域之内，这样可以减少来回奔波的时间。根据他的经验，利用45分钟的时间作拜访前的电话联系，即可在某一区域内选定足够的客户供一天拜访之用。小菲下一个要拜访的客户是某广告公司的何总。他正准备打电话给何总，约定拜访的时间。

销售顾问应具有丰富的车辆知识，并且能在客户面前适当地表达出来，也能够从容应对客户的质疑。这需要销售顾问做许多事前的准备工作。每一位优秀的汽车销售顾问都要做这种事前准备工作，而这种准备工作所花的时间往往也不会太长。如果不做事前准备而贸然拜访客户，那不但浪费客户的时间，也会让客户产生一种被轻视的感觉，这会伤害彼此的关系。

5.2 初次接待客户

面对初次见面的客户，可以使用以下的接待技巧：

1. 出类拔萃的自我包装

汽车销售有一个区别于其他行业的特点，那就是但凡进入展厅的客户，都有明确的目的：车。如果一位客户进入展厅，都没怎么接触和了解车型，仅仅看了一圈转身就要走，那么汽车销售顾问首先就应从自身来找原因了。第一印象往往决定了未来的发展关系。如果在与客户第一次见面时，给客户留下的是负面的第一印象，那么，就算你再专业、口才再好，也很难有机会展示了。反之，如果你给客户留下不错的第一印象，你就有机会施展自己的才华了。

决定成败的往往是小细节，优秀的汽车销售顾问成功的第一步不是掌握高超的销售技能，而是从最基础的形象和礼仪做起。形象与礼仪所包含的具体内容见表5-3。

表5-3 形象与礼仪

专业的销售顾问形象	整洁、干净、健康、自然、得体
见面握手的礼仪	● 握手不是必需的，要待客户有握手意向时，销售顾问再“出手” ● 握手时掌心要向上 ● 握手时不要心不在焉，不要戴手套 ● 不要长久地握住客户的手不放

（续）

专业的销售顾问形象	整洁、干净、健康、自然、得体
见面握手的礼仪	● 一般不用左手握手 ● 不要为了表达热情、友好而滥用双手握手 ● 不要交叉握手 ● 不要隔着桌子握手 ● 不要坐着握手
站立讲解的礼仪	● 站姿应该是挺胸收腹，双脚微分，身体微微前倾，以表现对客户讲话的关注 ● 站立讲解时与客户保持一米左右的距离，避免说话时将唾沫溅到对方身上
入座的礼仪	● 先为客户拉开椅子，待对方坐定后再落座 ● 一般从椅子的左侧入座，尽量不要坐满椅面，一般只占座位的 2/3 左右。上身不要靠在椅背上，身体应微微向前 ● 双腿不要向外敞开太宽，两膝间保持一个拳头的宽度 ● 不要跷二郎腿
上茶的礼仪	● 为多个客户上茶时，通常的顺序为：先老人、后小孩，先女士、后男士 ● 茶水最好有较高的温度，可以让客户慢慢等茶凉，赢得更多的洽谈时间 ● 水倒半杯即可，以免洒出烫伤客户
名片交换的礼仪	● 应双手递出自己的名片，名片上的名字应正对客户，方便其阅读 ● 客户回赠名片时也要双手接过，认真细看，最好重复客户的名字与职位，遇到不熟悉的生僻字时应虚心请教，不可不懂装懂 ● 不宜随便扫一眼名片就放进口袋中，更不要乱扔客户的名片

在与客户的接触中，客户对汽车销售顾问第一印象的好坏，完全取决于汽车销售顾问的外表和态度，即形象。那么，怎样给客户留下良好的第一印象呢？这就要进行出类拔萃的自我形象包装。

（1）外表　整洁的服饰、销售顾问文件夹等都会影响客户对销售顾问的印象。销售顾问在拜访一个潜在的客户之前，检查一下自己的穿着很重要。这样他们便会喜欢你并认同你和他们是同一类人。但要如何穿着呢？和你的客户穿着一样就很好，得体的穿着能够让客户的心情放松。

（2）肢体语言　身体正、直，头和肩稍向后，传达出销售顾问的自信、能干和热情的精神状态。站立时，不要晃动、摇摆、抖动身体等。

（3）目光　目光接触是与客户建立良好感情的首要因素。第一次见面，目光接触每次以三秒为宜。注视的位置是双眼以下的三角区域。

（4）微笑　情绪是可以感染人的。没有人会对一个愁眉苦脸、苦闷的人产生好感，能够以微笑迎人，让身边的人也产生愉快情绪的人，是最容易争取别人好感的人。

（5）握手　握手能体现一个销售顾问的可信任度、自信和能力。在销售过程中，销售顾问最好不要主动和客户握手。让对方决定什么时候握手是礼貌和品位的象征。因为有些场合不适合握手，或者有些客户不愿意握手。握手时，手掌与手掌接触，力度应适中，时间不宜太长，手掌不能有汗。

（6）问候、闲聊　在汽车销售顾问初次与客户接触的过程中，问候以及闲聊可以缓和紧张的气氛。

2. 注意客户的情绪

生理周期、感情、工作压力都会影响一个人的情绪。如果客户处于情绪低潮中，或者刚发完火，也许不是很适合进行洽谈，所以，要体谅客户的心情，客户情绪不好时，应找机会约定下次见面的时间，然后迅速而礼貌地告辞。

3. 记住客户的名字和称谓

案例：

首先，讲一个同名的兔子的故事。

卡耐基小的时候家里养了一群兔子，每天找寻青草喂兔子成为他每日固定的工作。年幼时卡耐基家中并不富裕，他还要代替母亲做其他杂事，所以，他有时候实在没有充裕的时间找到兔子最喜欢吃的青草。因此，卡耐基想了一个办法：他邀请了邻近的小朋友到家里看兔子，要每位小朋友选出自己最喜欢的兔子，然后用小朋友的名字给这些兔子命名。每位小朋友有了自己名字的兔子后，每天都会迫不及待地送最好的青草给自己同名的兔子。

名字的魅力非常奇妙，每个人都希望别人重视自己，并且知道自己的名字。传说有一位聪明的堡主，他想要整修城堡以迎接贵客，但当时的各项物质资源相当匮乏，于是聪明的堡主便想出了一个好办法。他颁发指令，凡是能提供对整修城堡有用东西的人，就把他的名字刻在城堡入口的圆柱和磐石上。指令颁发不久，大树、花卉、怪石等都有人不断地捐出。了解名字的魔力，能让你轻松就能获得别人的好感。

销售顾问在面对客户时，如果能经常、流利、不断地以尊重的方式称呼客户的名字，客户就会对你产生好感，并且越来越强烈。专业的销售顾问会密切注意潜在客户有没有被杂志报道，若是带着报道潜在客户的剪报一同拜访初次见面的客户，客户能不被你感动、能不对你产生好感吗？

4. 独特设计的名片

别出心裁的名片，能吸引潜在客户的注意。名片代表递出名片的人。使用的名片如果和一般人使用的名片大同小异，那么名片就无法传达出特殊的信息从而引起潜在客户的注意。相反地，若是你的名片设计独特，能传达一些特殊的信息，必定能引起潜在客户的注意，潜在客户对你的言谈举止也会特别的留意。如今是一个多元化、信息化的社会，由于科技的进步，人们能以极低的成本，迅速制作出不同款式、图文并茂的名片。因此，可针对不同的拜访对象，设计使用不同形态的名片，以立即吸引初次见面的潜在客户。有的 4S 店汽车销售顾问制作了印有自己精美艺术照的名片，使人一见名片就能“睹片思人”。

5. 让客户有优越感

每个人都有虚荣心，使人满足虚荣心的最好方法就是让对方产生优越感。但是并不是每个人都能功成名就，使自己的优越感得到满足，相反地，大部分的人都过着平凡的日子。每个人都承受着不同的压力，往往有志不能伸，处处听命于人。虽说常态如此，但是绝大多数的人都想尝试一下优越于别人的滋味，因此，这些人会比较喜欢那些能满足自己优越感的人。巧妙的奉承固然能满足一些人的优越感，但也有弄巧成拙的时候。让人产生优越感最有效的方法是对他引以为傲的事情加以赞美。若是客户讲究穿着，你可向她请教如何搭配衣服；若是客户是知名公司的员工，你可以表示羡慕他能在这么好的公司上班。客户的优越感被满足，初次见面的警戒心也就自然消失了，彼此距离的拉近，能让双方的好感向前迈进一大步。

各种客户的接待方法见表5-4。

表5-4　各种客户的接待方法

客户类型	接待方法
有专业知识的中年客户	要求有礼貌和具有必要的专业知识
普通的年轻客户	要求和蔼、亲切、介绍浅近易懂
带有不安感的年长客户	要求亲切、有耐心

案例：

与老人打交道时，可赞美老人的家庭关系，如父慈子孝、儿孙有为、家境丰足等。

例如，“老先生，您真是好福气，看您这一大家子真是令人羡慕，儿子和儿媳脾气这么好，肯定非常孝顺您，小孙子活泼伶俐，是您的开心果吧？”

“阿姨，您和您儿媳的关系可真是不错，刚开始我还以为你们是母女呢，太让人羡慕了。”

6. 以对方的专长、爱好为话题

对方的专长、爱好是最能引起对方兴致的话题。因此在谈判之前，汽车销售顾问要设法了解客户的专长、爱好，以求开局得胜。

7. 与众不同的推销语言

（1）展厅接待技巧——开口五句话　例如：“×先生/女士，您好，欢迎光临，里边请!”“(来,认识一下)我是这里的销售顾问××，这是我的名片，您叫我小×就可以了。”“请问先生您怎么称呼？”“×先生/女士，很高兴认识您。”“请问有什么可以帮您的吗？(您今天是来看车还是保养啊？)”

（2）洽谈桌五部曲　洽谈桌五部曲分别为“请”、“拉”、“问”、“递”和“坐”。

请：“为了您便于看到您感兴趣的车，您是否可以坐到这边来？”（面向展车。）

拉：帮客户拉椅子。

问：“我们这里可以提供免费的两种热饮，两种冷饮(热饮是咖啡和红茶;冷饮是可乐和果汁)，来点什么？”

递：“这是您感兴趣的车型的资料。”（双手递资料。）

坐：“为了给您作更好的介绍，我是否可以坐在您旁边呢？”（坐右手边。）

“先生，您是从事什么行业的？啊！这么巧，我好几个客户也是做您这行的，住××小区的范××先生您认识吗？车牌是粤AF×××K，黑色天籁公爵2.5，还有××公司的陈××总经理，蓝色逍客，车牌粤A1×××A，您认识吗？他们生意做的都挺大的，能否请教您一张名片呢？”(寒暄、赞美)

（3）范围报价法(从高往低报价)　具体示例如下：

客户：“这车卖多少钱？”

销售顾问：“先生您的眼光真不错，您看到的这款车排量有××L和××L，价格从××万元到×××万元共有×款车型。配置不一样，价格也不一样，要不我们到洽谈区坐一下，我们这里有免费的饮料，同时我可以给您作一个详细的介绍，您看好吗？”

（4）客户随便看看时的应对话术　具体示例如下：

“您可以随意地看，有任何问题您随时可以招呼我，我就在旁边等着您。”

“嗯嗯，好的，请随便看看。有需要随时叫我们……”

“好的，那您先随便看看，买不买没关系，有需要随时叫我们……”

8. 找到与客户的共同话题

（1）从车辆说起　一般来说，有趣或引人注目的车辆可以为自己打开销路。这种方法就是将车辆样本递给客户，同时评论道：“您以前见过这么好的车吗？”

（2）从恭维开始　这一方法通常适用于那些你经常拜访的老客户。例如：“祝贺您！我从报上得知您已经被评为先进个人了。”

（3）以优惠利益吸引客户　但是一定要记住，你所提及的“利益”是切实有效的，并且对客户来说是至关重要的。例如：“张先生，我很荣幸地告诉您，我们公司近期免费送车牌。”

（4）用事实说话　这一方法是向客户陈述那些对他们来说重要的信息。

例如：“张先生，P公司在我们这里购买了运输车，比他们原来的预算还减少了近1000元的费用！”

（5）从利用客户的好奇心开始　话术可参照案例中的相关内容。

案例：

一名成功的汽车销售顾问应这样开始他的陈述：“张先生，您是否有兴趣购买我们的车，它能给您每月节省1000元的维修保养费。”在激起了潜在客户的兴趣之后，汽车销售顾问再详细解说其中的缘由。

（6）向对方提供一个好主意　例如：“汤女士，我已经检查过贵社散客开发与接待的程序。我有一个主意能够帮您提高散客门市接待的数量。”“张先生，您已经看到我们公司的维修保养费用非常低廉，您对这些发现有何感想呢？”这种提问的方法用来使客户参与到谈话中去。

（7）从引用同行或权威的话开始　例如：“我最近去拜访过国际旅游公司的陈总经理，她认为您也许对我们的服务感兴趣。”

（8）从全面服务开始　例如：“江先生，我们公司可以提供免费备用车辆，这样您就不必为修车误事犯愁了。”

（9）利用著名人士　客户熟悉的一些人的姓名将会加深客户对你的印象。例如：“唐小姐，您知道××(某明星)买过我们的车吗？”

（10）向客户征求意见　这一方法可从客户那里获得第一手反应，并将之引入到陈述中去，使客户参与谈话。例如：“王先生，你对四位一体服务有何看法？”

以上这些都是接近客户的好方法。表5-5为读者推荐客户接待中要把握的关键时刻。

表5-5　客户接待的关键时刻

关键时刻	标准行为
客户接待的准备	● 销售顾问穿着公司指定的制服，并保持整洁，佩戴名牌 ● 每日早会销售顾问互检仪容仪表和着装规范 ● 销售顾问从办公室进入展厅前在穿衣镜前依人形模自检仪容仪表和着装 ● 每位销售顾问都配有销售文件夹，在与客户商谈时随身携带

（续）

关键时刻		标准行为
客户接待的准备		● 每日早会销售顾问自行检查销售文件夹内的资料，并及时更新 ● 每日早会设定排班顺序，制定排班表 ● 接待人员在接待台站立接待，值班销售顾问在展厅等候来店客户
客户来店时		● 值班保安人员着标准制服，向来店客户问候致意，并指引其进入展厅入口 ● 若客户开车前来，值班保安主动引导客户进入客户停车场停车 ● 客户来店时，值班销售顾问在展厅门外迎接，应点头、微笑，主动招呼客户 ● 销售顾问随身携带名片夹，第一时间介绍自己，并递上名片，请教客户的称谓 ● 销售顾问抬手开启自动门，引导客户进入展厅 ● 汽车4S店所有员工在接近客户3米内时都主动问候来店客户（全员参与） ● 若雨天客户开车前来，主动拿伞出门迎接客户 ● 销售顾问主动询问客户来访目的 ● 按客户意愿进行参观，请客户自由参观浏览，销售顾问在旁随时候教
客户自己参观车辆时		● 与客户保持5米的距离，在客户目光所及的范围内关注客户动向和兴趣点 ● 客户表示出想问问题时，销售顾问主动趋前询问 ● 客户对商品有兴趣时，销售顾问主动趋前询问
请客户入座时		● 销售顾问向客户提供可选择的免费饮料（三种以上），主动邀请客户就近入座，座位朝向客户可观赏感兴趣的车辆 ● 征求客户同意后入座于客户右侧，保持适当的身体距离 ● 关注客户的同伴，不要忽略“影响者”
客户离开时		● 提醒客户清点随身携带的物品 ● 销售顾问送客户至展厅门外，感谢客户惠顾，并热情欢迎再次来店 ● 微笑、目送客户离去，直到看不见客户 ● 值班保安人员向客户致意道别 ● 若客户开车前来，销售顾问陪同客户到车辆边，感谢客户惠顾并道别 ● 值班保安人员提醒客户道路状况，指引方向 ● 若出口位于交通路口，则保安人员引导车辆到主要道路上
客户离开后		● 整理客户信息，填写“来店（电）客户登记表”（表5-6）及A-C卡（表5-7）
电话应对	打出电话时	● 记录客户信息和资料，做好打电话前的准备工作，尤其是客户资料和信息的准备 ● 接通电话后先表明自己的身份，并确认对方的身份 ● 电话结束时感谢客户接听电话，待对方挂断电话后再挂电话
	接听电话时	● 电话铃响三声之内、彩铃10秒以内接听电话，并以微笑应对 ● 主动报汽车4S店名称、接听人姓名与职务 ● 在电话中明确客户信息，包括联络方式、跟踪事项等，并适时总结 ● 电话结束时感谢客户致电，并积极邀请客户来店参观 ● 待对方挂断电话后再挂电话 ● 填写“来店（电）客户登记表”，记录客户信息

表 5-6　来店(电)客户登记表

No:
建档日期：　　年　月　日
销售人员姓名：

姓名		年　月　日生	男/女	已婚/未婚	职业	
住址			决策人			
电话	①	②	单位名称	职位		
公司名		行业	法人	职位		
地址		T	电话	FAX		
联系人		电话	职位			
意向车型排量		预算	使用目的	商用·生活·休闲·上班·上学·爱好·其他(　)		
购车侧重点	外形·动力性能·使用费用·舒适性·安全性·操控性·价格·其他(　)					
来店契机	无预约来店·来电·店头/店外展示·介绍	如何知道本店	DM/DH·报纸·电视·广播·户外广告·杂志·网络·其他			
意向车型	车名	SFI	颜色	新购·换车·增购		
家庭成员		爱好	合适面谈时间 星期__ AM/PM　时	面谈地点　店头　私宅　公司		
替换车型	车名	出厂时间	行驶里程　km	评估价格	新车·二手车	
支付方法	现金/分期付款	金融机构	还款　次	利率　%	首付率　%	担保公司
竞争车①	车名	店名	介绍人			
竞争车②	车名	店名	其他事项			
保有车型	使用者	使用目的	使用月数	经销店		

表 5-7 A-C 卡

从接待到交车的记录　　A 卡←→C 卡　　从交车到跟踪的记录

日期	联系方法	面谈者	谈话内容	订购预测	下次预定	经理栏	日期	实施内容	面谈者	谈话内容	下次预定	经理栏
	访问 / TEL / 店头 / 其他							首次检查				
								5000km 免费检查（三个月）				
								10000km 免费检查（六个月）				
								入库 / 检查 / 其他 / 介绍				

日期	介绍	姓名	电话号码	成否	车型
	二手车 / 新车 / 服务 / 其他				
	二手车 / 新车 / 服务 / 其他				
	二手车 / 新车 / 服务 / 其他				

交车时间		车名	SFX	颜色
上牌时间		车牌号	车架号	
保险	投保日	到期日	保单号	
保险	公司名称		新购/续约	本公司/其他公司

订购预测　P0：已订购　P1：一周内可能订购　P2：一个月内可能订购　P3：三个月内可能订购　P4：其他

5.3 车辆展示与介绍

情景案例引导：

汽车销售顾问工作日志

当我微笑着迎接客户时，他们却转身避开我，直接去看车了，我这样做难道有什么不对吗……

当我热情地向客户打招呼时，他们却冷冰冰地不作任何反应，这让我很沮丧……

当我询问客户想看哪款车时，他们却摆摆手，说只是随便看看，这样的客户会是真心要买车的吗……

我注意到客户打量了好几眼展厅里的一款车，可当我详细介绍这款车型时，客户却转身去看其他的车了，这是为什么……

客户进门就直接问一款车的价格，我报了价，客户听完转身就走开了……

产品展示是销售任何产品都必须经过的阶段，可是汽车和其他产品不一样，如销售手机，销售顾问就可以面对面地向潜在客户讲解并示范手机的各种奇妙的功能。汽车就不行，不能拿在手里跟客户介绍，也不能拿在手里演示功能。汽车销售展示分为静态展示和动态展示。通俗地讲，静态展示就是在展厅内的展示，通常展厅内是不允许起动汽车发动机的，因为展厅是一个封闭的空间，车辆起动之后产生的废气不易排出，因此展厅内的车可以允许客户摸、看、坐，但是不能起动发动机。动态展示就是试乘试驾。

展示车辆的侧重点有很多的选择：可以选择突出车辆的舒适性，可以选择突出车辆的安全性，也可以选择突出车辆的操控性。

有一些销售顾问很容易陷入一个误区，就是什么都想突出，结果客户对销售顾问所介绍的内容印象都不深刻。汽车是一个技术含量很高的产品，其外观的各种设计都是为了显示汽车贴近人性的一面。

5.3.1 车辆的静态展示

静态展示考验的是销售顾问的汽车技术，以及对所售车型参数、配置、性能、品质以及保修条款的了解和掌握。

在汽车销售中，有一个很有名的介绍方法：六方位绕车介绍法。六方位绕车介绍法就是销售顾问在介绍车辆的过程中，可以围绕汽车，在车身左前方 45°、车身右侧、车身尾部右后方 45°、车身尾部左后方 45°、驾驶室和发动机舱这些方位进行介绍。这是展厅中展示汽车的一个标准流程。

在每一个方位，销售顾问又该向客户介绍车辆的哪些关键点呢？六方位绕车介绍法的标准流程如图 5-5 所示。

1. 车身左前方 45°

在车身左前方 45°需介绍的内容包括①前车灯特性；②车身高度；③前风窗玻璃；④通风散热装置；⑤品牌特征；⑥大型蝴蝶刮水器设备；⑦前照灯的照射范围；⑧保险杠设计。

2. 车身右侧

在车身右侧需介绍的内容包括①汽车进入特性；②轮胎、轮毂；③侧面的安全性；④车的长度；⑤侧面玻璃提供的开阔视野；⑥防水槽或者支架；⑦离地间隙；⑧车体等。

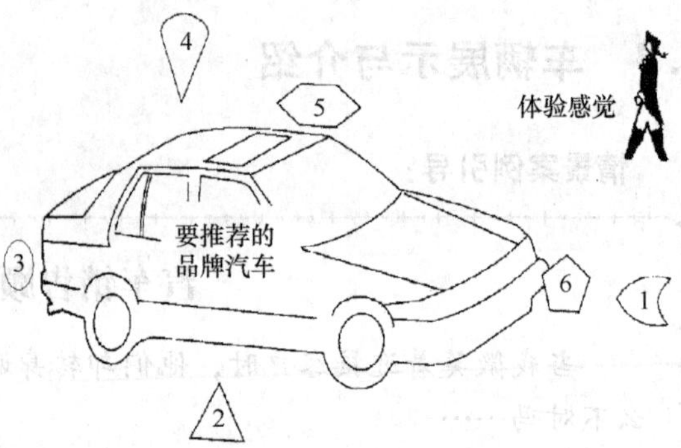

图 5-5 六方位绕车介绍法的标准流程

3. 车身尾部右后方 45°

在车身尾部右后方需介绍的内容包括①后门开启的方便性；②后排座椅的易拆性；③存放物体的容积大小；④后窗的刮水器；⑤汽车扰流板(尾翼)；⑥备胎的位置设计；⑦尾灯的安全特性；⑧尾灯的设计。

4. 车后座

到了这个方位，销售顾问就要争取客户参与到介绍中来，可以邀请他们开车门，触摸车窗、轮胎等。这个方位的介绍是一个过渡，销售顾问要引导客户到车里体验一下。

5. 驾驶室

在驾驶室这一方位需介绍的内容包括①座椅的多方向调控介绍；②气囊以及安全带；③转向盘的调控；④制动系统的介绍；⑤视野；⑥操作方便性、音响、空调等；⑦腿部空间的感觉；⑧车门的控制等。

6. 发动机舱

在发动机舱这一方位需介绍的内容包括①发动机布局；②环保设计、排气的环节；③添加机油等液体的容器；④散热设备的设计与摆放；⑤发动机支架避震设计；⑥节油的方式。

总的来说，在车前方注重描述车体外形特点；在车侧方注重描述车辆安全特点；在车后方注重描述车辆行李厢空间与外形特点；在车后座注重描述车辆舒适与空间特点；在驾驶室注重描述操控、配备与安全特点；在发动机室注重描述车辆性能及操控特点。

六方位绕车介绍法是一种比较全面、标准规范的展示方法。下面介绍六方位绕车介绍法的好处(表 5-8)。

表 5-8 六方位绕车介绍法的好处

对比项目	六方位绕车介绍法 给销售顾问带来的方便	无序的销售行为 给销售顾问带来的困难
销售情况	销售顾问掌握销售情况	销售顾问不能掌握销售情况
客户引领情况	客户被销售顾问引领	客户不受引领
互动	良好的客户互动	推销程序受干扰
销售过程	FAB 陈述法(见 5.3.3 小节)能清晰解释	客户提问，销售顾问才解释
时间因素	与客户相处的时间是有价值的	客户主宰留店时间
职责	销售顾问担当起销售责任	客户决定购买与否
兴趣	客户对汽车兴趣大增	无从稽考
试乘率	提升试乘率	试乘率无法提升
成交率	提升成交率	低成交率
结果	客户高兴地买车	被客户淘汰

但是，六方位绕车介绍法也有它的局限性。它比较适合中型以上的车辆，不适合小型车辆。不过，这种展示车辆的思路是可以借鉴的。车型小的话，销售顾问就可以缩减为五方位；如果是 MPV 的话，那么也许四个方位就够了。总之，销售顾问要根据具体的车辆情况来调整车辆展示的标准流程和环节。

一般情况下，在标准的展示正式开始之前，销售顾问要征求客户的意见，询问客户是否有足够的时间来系统、全面地了解这一款车，并如实地告诉客户，大概需要多长时间从车辆的六方位全面介绍车辆。如果客户回答没有时间，那么销售顾问就继续询问客户注重的是车辆的哪些性能，然后进行有针对性的介绍。当然，即使客户有时间，销售顾问也要有重点地进行介绍，每一个位置的介绍控制在 3 分钟以内。要注意的是，各个方位的要点并不是每一个都要求讲解，因为内容太多，客户的脑海中也不会形成很深的印象，最好是根据客户的兴趣偏好有针对性地进行介绍。在客户兴致较高的时候，为客户安排时间参与试乘试驾。

在静态展示中，可以参考销售流程管理评核表——店内接待（表 5-9）和销售流程管理评核表——商品说明（表 5-10）。

表 5-9　销售流程管理评核表——店内接待

评估内容		评分					备注
		1	2	3	4	5	
1. 仪表着装	制服 头发 双手 皮鞋 饰物 化妆 气味						
2. 有详细的排班表格，并严格执行							
3. 表现主动、热情、有活力							
4. 在第一时间递上名片							
5. 注意客户动静，随时服务							
6. 交谈方式平易近人，有简单的寒暄							
7. 积极提供茶水、饮料							
8. 积极尝试留取客户的资料							
9. 送客户至车旁或展厅门口，亲切道别							
10. 如实详细填写 A 卡							

注：评核表的使用方法：

1. 由销售经理负责按表评核。
2. 按每一个批次完成后即时处理，并与销售顾问进行访谈。
3. 计分标准为：1——很差，2——较差，3——好，4——较好，5——很好，若没有该动作则不计分。
4. 本表可让销售经理了解个人和组织的积极性以及销售流程和技巧需改善的问题点，并将其列入培训重点。

表 5-10 销售流程管理评核表——商品说明

评估内容	评分					备注
	1	2	3	4	5	
1. 商品目录准备妥当，数量充足，摆放整齐						
2. 展车整洁，车内设置准备妥当						
3. 销售顾问准备充分，了解产品和说明方法						
4. 从客户最关心的部位和配备开始说明，指示清楚						
5. 说明语言通俗易懂，态度热情						
6. 主动向客户提供产品资料						
7. 让客户积极参与介绍——鼓励提问、让客户动手操作有关配备						
8. 采用合适的方法进行竞争比较						
9. 总结商品特点与客户利益，并在目录上清楚地注明						

注：评核表的使用方法：

1. 由销售经理负责按表评核。
2. 按每一个批次完成后即时处理，并与销售顾问进行访谈。
3. 计分标准为：1——很差，2——较差，3——好，4——较好，5——很好，若没有该动作则不计分。
4. 本表可让销售经理了解个人和组织的积极性以及销售流程和技巧需改善的问题点，并将其列入培训重点。

5.3.2 车辆的动态展示

所有静态展示的最终目的都是为了获得客户同意试乘试驾的承诺。相对销售顾问的介绍，试驾才是客户与汽车真实、直观的接触和了解，客户也只有在试车的过程中才能决定这款车到底是不是适合自己，尤其是车辆的动力性、操控性和车内音响等，只凭借销售顾问的空口介绍是苍白无力的，让客户亲自体验才有事半功倍的效果。

1. 试乘试驾准备

① 安排试乘试驾前的手续和准备工作。

② 填写客户驾驶证的详细资料。

③ 试驾路线地图以及预计时间。

④ 试驾内容的清单。

⑤ 车辆的基本检查，包括水、油、安全状况等。

⑥ 在试驾前，询问客户通过试驾最希望了解到哪些内容。许多客户因没有经验，说得比较笼统。那么，销售顾问应该强调在试驾过程中会涉及哪些方面，事先提示可以突出车辆的特性。

⑦ 在试驾开始前，已经落座在车内的时候，如果试乘试驾人还有一起来的朋友，也可以将地图分发给他们，引发他们的好奇心，这可以获得对试乘试驾中话题的主导和控制权。

（1）车辆及其文件的准备

① 汽车 4S 店必须准备专门的试乘试驾用车，尤其是公司要求的车型。

② 试乘试驾车由专人管理，保证车况处于最佳状态，油箱内有 1/2 箱燃油。

③ 试乘试驾车应定期进行美容，保持整洁，停放于公司规定的专用停车区域。

④ 试乘试驾车证照齐全，并有保险。

（2）路线规划准备

① 按车型特性规划试乘试驾路线，避开交通拥挤路段。

② 随车放置“欢迎参加试乘试驾活动”，如试乘试驾活动表(表 5-11)。

③ 试乘试驾同意书(表 5-12)。

（3）人员的准备

① 销售顾问必须具有合法的驾驶证。

② 若销售顾问驾驶技术不熟练，则请其他合格的销售顾问进行试乘试驾，自己陪同。

（4）试乘试驾邀约

① 在介绍完毕后主动邀请客户进行试乘试驾。

② 安排小型试乘试驾活动，积极邀请客户参加。

③ 在展厅或停车场显眼处设置“欢迎试乘试驾”的指示牌。欢迎试乘试驾指示牌如图 5-6 所示。

（5）试乘试驾需注意的事项

① 向客户说明试乘试驾流程，重点说明销售顾问先行驾驶的必要性。

② 向客户说明试乘试驾路线，请客户严格遵守。

③ 查验客户的驾驶证并复印存档，客户签署安全协议与相关文件。

④ 向客户简要说明车辆的主要配备和操作方法。

表 5-11　试乘试驾活动表

欢迎您参加试乘试驾活动！！

试乘试驾路线图

试乘试驾注意事项：

① 请严格遵守驾驶规章制度，保证安全；
② 试乘试驾时请全程系好安全带；
③ 请按照路线图设定的路线试驾；
④ 试乘试驾过程中请遵从销售顾问的指示和安排；
⑤ 严禁在试驾时进行危险驾驶动作。

客户姓名	客户关注点	时间	销售顾问	里程/km	备注
	□起动　□加速　□制动　□转弯操控 □加速踏板响应　□静谧　□舒适	:　—　:		起—讫	对同意书无异议
		:　—　:		—	
		:　—　:		—	
		:　—　:		—	
		:　—　:		—	
		:　—　:		—	
		:　—　:		—	
		:　—　:		—	
		:　—　:		—	
		:　—　:		—	

表 5-12　试乘试驾同意书

试乘试驾同意书

经销店名称：________________

试乘试驾车型：________________

致：

本人于________年_____月____日在__________经销店参加________车型试乘试驾活动，特此作如下陈述与声明：

本人在试乘试驾过程中将严格遵守行车驾驶的法规和要求，并服从公司的指示，安全、文明驾驶，尽最大努力保护试乘试驾车辆的安全和完好。否则，对贵公司造成的一切损失，将全部由本人承担。

试驾人姓名：________________

驾驶证号码：________________

联 系 地 址：________________

联 系 电 话：________________

图 5-6　欢迎试乘试驾指示牌

2. 试乘试驾中的人际关系控制

在试乘试驾过程中，客户往往会找来他的朋友一同参与。切记，销售顾问应重视的最关键的环节就是主动结识参加试乘试驾的所有人，一定要做到主动要求客户为你介绍他的朋友。

案例：

对客户说："张先生，您给我介绍一下您的这几位朋友行吗?"并主动递出自己的名片。客户介绍后要接"您好，张先生这么成功一定是有一群成功的朋友。""张总提到您多次了，说您才是行家呢。""您好，您可要多指点，认识大家真的是缘分呢。"这些话都是为之后的工作作铺垫的，为的就是预防这些人在试乘试驾过程中说一些话会影响购车者的决策，如"我觉得这车不行"等。

人与人之间都讲求沟通，沟通就有主动和被动的问题，只要销售顾问主动地要求客户介绍他的陪同人，一般进入到试乘试驾阶段的客户不会不介绍的。那么，就抓住这个机会，和客户的陪同人建立一种融洽的人际关系。试乘试驾中客户的朋友说出对销售顾问不利的话的主要原因就是销售顾问没有注意"建立人际关系"这个重要的环节。

如果试乘试驾是有详细规划的，那么，此时就有许多内容可以介绍，如对地图、对突出的体验特点的详细介绍。如果要想让别人少说话，就为他们预告将要发生的事情，这样他们就会因为知道将要发生什么而少提问，也会少讲消极的话。因此，一定要重视试乘试驾的准备工作。

控制这个环节的要诀就是：主动、多说好话、请求指点，并落实事先做好的周密准备。

如果在试乘试驾中没有足够的谈话主题提示清单，那么在出现冷场时，一般人就会询问驾驶过去熟悉的车辆所没有的体验，而这些体验多数又是消极的。为了更加有效地防范这类情况的发生，就需要在一路上有许多话题可以讲，这时可征求对方对一个转弯的评价、一个声音的评价、一个操控性能的评价、一次超速的评价，哪怕在红灯后起步都可以征求对方的评价。而且，每次都要详细记录对方的评价。做充分的准备，才能赢得试乘试驾人满意的评价，赢得与他一起来的其他人的正面评价，至少他们会对你的专业性给予较高的评价。

3. 试乘试驾中的三个要点

试乘试驾开始后，销售顾问要不断观察客户。如果销售顾问应变能力不强，那么就要按照设计的流程执行。

1）发动车辆之前的行动包括：调整座椅、调整反光镜(内外)、调整转向盘位置；注意指示转向灯开关的位置、指示刮水器开关的位置、驻车制动车辆的位置、变速杆的位置、前照灯开关的位置；介绍试驾的路线，提示相关安全要点；告知客户百公里加速、紧急制动、气囊、ABS 等都不是试乘试驾的内容。

2）指路是销售顾问的责任，如果事先已告知客户试乘试驾的路线则更好。在指路的过程中提示客户去体会对操控的感觉、行驶中的力量、发动机的声音，并注意反光镜的位置、HUD(抬头显示器)和天窗；提示客户在安全行驶的情况下，注意操作音响、空调并观察速度表、发动机转速表、ABS 显示灯和气囊显示灯等。

3）提示客户对座椅、转向盘、视线、头部空间、光线、HUD、温度、音响、操控方便性以及车辆灵活性等方面的感受。在试乘试驾过程中一切都应以感受为主。

要确保不断用话题主导整个试乘试驾过程，尽量不给客户留下挑剔的时间和机会。可以通过提示行驶安全，提示感官上的体验来控制话题。

案例1：

引导客户体验加速感(动力强劲、无冲击感)，销售顾问可直线加速，引导客户观看发动机转速表，感受发动机的澎湃动力。这个时候，销售顾问可用话术：“××先生/小姐，前面交通比较顺畅，现在我给您演示一下这款车的提速性能，一会儿我加速的时候，请您听听发动机的声音是不是雄浑有力(加速演示)，现在我提速了，请您看看这款车发动机的转速表，是不是一直保持稳中有升的状态？没有出现一般自动变速器换档时转速出现降低的现象？这款车之所以这样，是因为这款车采用了完全不同于一般自动变速器的无级变速器(CVT)，完全避免了普通自动变速器因为换档而导致的动力中断现象。无级变速器不仅大幅度提升了动力性能和经济性能，而且也大大改善了加速时的舒适性能，您可以仔细感受一下，整个加速过程中是不是没有一点点的换档冲击啊”？

案例2：

引导客户体验BA制动辅助系统，销售顾问可演示制动动作，同时提醒客户行车注意安全，话术为：“××先生/小姐，现在我们感受一下这款车的制动效果，这款车的制动的一个独特的地方就是带有辅助制动(BA)系统。您想啊，当车辆高速行驶时前面突然出现障碍物您会怎么样？当然是马上用力踩制动踏板啊。但对于女士来讲这时腿部力量不够时可能就会有危险了。而辅助制动系统就能帮助女士解决这个问题，只要制动踏板踩得够快，辅助制动系统就能提前启动 ABS，让 ABS 帮助我们制动，您说是不是很安全啊？”

案例3：

引导客户体验无级变速器的手动换档功能，销售顾问可利用手动模式，换档控制车速。这个时候，销售顾问可用话术：“××先生/小姐，前面是下坡路面，我们来看看这款车的无级变速还有什么独到之处(D 档控制车速行驶)。现在是 D 档行驶，您看看我不踩制动踏板怎么样控制车速，您看减速(做减档动作)，如果想让车开快点，只需要加档就可以了(做加档动作)。有一位车主告诉我们，他能够通过这种方式，从山上开到山下，一次制动踏板都没踩，就能很自如地控制车速，您说这样是不是很安全啊？”

4. 试乘试驾中的五个感受

试乘试驾本身就是一个参与体验的过程，这个过程并不适用于理性思考。因此，不断提示客户体验各种感觉才是赢得试乘试驾的主要方法。试乘试驾中的五个感受表 5-13。

表 5-13　试乘试驾中的五个感受

试乘试驾中的感受内容
● 光线的感受
● 视野的感受
● 空间的感受
● 温度的感受
● 速度的感受

有以下话术表达供读者参考：

1）“您看驾驶数据的显示亮度是否合适？是否需要调节？”

2）“您是否可以看到后面的车？侧面的视线怎么样？这也是可以调节的。”

3）“您觉得车内空间是否较大？您可以从腿部空间、腰部空间以及头部空间来看。您分别试一下，腿部是否可以自如活动？腰部感觉是否有座椅的衬托？头部是否可以活动？感受一下顶部的空间，尤其是到车顶的空间，这个空间非常重要，有一些驾驶人开了一段车就觉得疲劳，主要原因就是这个空间太小，而压抑感会导致疲劳。”

4）“您现在体验一下温度。空调的温度是可以调节的，在 18～28℃之间调节，制冷量相当于 $15m^2$ 房间的制冷程度。”

5）“不看速度表您能知道现在的速度吗？行驶速度显得比较慢，那是由于我们的玻璃所引起的。这个玻璃不仅是隔热的、防紫外线的，也可以降低驾驶人对速度的敏感性。”

6）“您感觉一下车辆的稳定性、平顺性以及抓地的感觉，这是五联杆的作用，不是简单的五块钢板的悬架系统。”

通过如上这些类似的话术来控制试乘试驾过程中客户的思路，从而引导客户对车辆有正面、积极的感知。

试乘试驾中遇到红灯或中间休息时，销售顾问可以用来展示自己对车辆的熟悉程度，注意下面的信息：

1）销售顾问必须知道仪表板中所有的数字都是什么含义、可能的影响、传递的信息以及相对应的开关。

2）销售顾问必须熟悉对各种灯光的控制，如前照灯、转向灯、雾灯、制动灯、车内的照明灯、化妆灯、储物盒的灯和阅读灯等。同时也要熟悉对所有开关如车内电源接口、点烟器接口、光盘更换方式、收音机使用和调频、扬声器的按钮等。

3）销售顾问必须熟知座椅的调整、安全带的位置、天窗的调节开关、空调的调节、车门的开启和中控的功能等细节。

4）如果在试乘试驾开始之前，或者中途停下来有机会静态看车时，要注意提示侧门开启的最大宽度、后门开启的高度、侧面防撞柱的设计以及前后保险杠的设计等。向客户介绍车身长度、宽度、高度以及车内空间的精确数据。

在陷入冷场的情况下要主动讨论有关车的话题，这是销售顾问基本功的最佳体现，也体现了销售顾问对车辆用户手册的熟悉程度。其实，只要牢记用户手册中最常用的那几点就足够了。例如，在讲到有关转向盘喇叭的问题时，销售顾问指出这部分内容在“用户行驶手册”的第××页，那么客户就会对销售顾问相当佩服。对于一个销售顾问来说，至少要记住“用户行驶手册”上五个要点的页码。

优秀的汽车销售顾问拥有控制试乘试驾的能力是必需的，尤其是控制潜在客户在试乘试驾中感受的能力。首先，应控制客户的注意力，尽量主导客户的注意力，并转移到销售顾问设计好的话题上。然后，就是使用内外一体的综述方法来主导话题。

在试乘试驾过程中，销售顾问应主动提示要走的路线、交通状况、各种不同车辆对交通状况的不同适应程度等。在既定的路线上可能会出现一些突发的交通状况，销售顾问要提高对路面情况的注意力和警惕性，不断提示客户要多留心、多注意。

另外一个话题可以是关于客户以前开过的车。例如，客户以前可能开的是轿车，那么可以提示 MPV 驾驶座位的高度，并说明在道路拥堵时可以看到比较远的地方，视野宽阔，对路面情况会有更多的了解。如果客户以往开的是面包车，那么则主要提示车辆的灵活性和舒适性。如果客户以前开过 MPV，那么就提示天窗、车辆的高度以及头部空间这些因素。总之，牢牢把握自己所售车辆性能的优势，来赢得客户在试乘试驾中对自己所售车型的正面、积极的体验。

5. 试乘试驾中的沟通

在试乘试驾中，当客户或其陪同者对车辆进行评价时，尤其是有负面评价发生时，销售顾问要做的不是争论，不是为自己辩护，而是要进行让步式的事实陈述。

即使所有事先的准备工作都做到了，仍然可能会有负面的评价。例如，客户挑剔内饰不行或者车子加速慢。应对这样的话语一定要使用垫子，而且是高强度的垫子。

例如：

①“您真是眼力过人，真的算是行家啊！”

②“您说得太对了，我也刚好想到了这个事情。”

③“真巧了，昨天一个试乘试驾的客户与您说的恰好相反。”

④“到今天为止，我已经陪同客户进行了 77 次试乘试驾了，您这次是第 78 次，您说的这个问题还是第一次出现呢。”

之后，不要对客户的结论性话语进行观点性的辩驳，而应该强调事实。

例如：

①“有一位与您年龄差不多的客户，特别喜欢我们的内饰，他人特别细致，他说我们的内饰供应商也是给××汽车品牌供应内饰的，从漆面、用料、环保上来说都是可靠的，品质也是信得过的。”

②“以前有一位客户说我们的车速是所有 MPV 中最合适的，不同的档位有对应的速度要求，不像其他一些 MPV，用户手册中都没有具体的对应速度配置。”

记住：使用高强度的垫子，引用别人说的话，不争论结论，仅说事实。

试乘试驾对于汽车 4S 店来说是有成本的，不仅有人力资源的成本，还有车辆磨损、油耗以及风险的成本。既然要提供试乘试驾的服务，就是希望客户对车辆有一个良好的印象，并最终产生购买行动。

所以，试乘试驾的服务越周到，客户受重视的感觉就越强，他受到的购车压力就相应会大一些。一次试乘试驾结束后，还可以邀请客户试乘试驾展厅内其他的车辆，这样做能让对方觉得你是非常诚恳的，多数人都会感受到这个邀请的好意，因此内心会对你有更多的好感。

所以在试乘试驾结束时，至少要得到客户的感激之情，如果没有，那么说明你的一切工作都无法取得相应的效果。当客户有感激之情时，要进一步要求得到回报。例如，可以要求客户推荐有可能对这款车感兴趣的人，或者以协助客户做出恰当决策为目的征求客户的意见，并尽量请客户给出一个总体评价。

表 5-14 是汽车销售顾问在不同时刻的标准行为，是对汽车销售顾问在整个试乘试驾过程中的注意事项的总结。

表 5-14　汽车销售顾问在不同时刻的标准行为

关 键 时 刻	汽车销售顾问的标准行为
试乘试驾的准备	● 经销店必须准备专门的试乘试驾用车，尤其是汽车销售公司要求的车型 ● 试乘试驾车由专人管理，保证车况处于最佳状态，油箱内有 1/2 箱燃油 ● 试乘试驾车应定期美容，保持整洁，停放于汽车销售公司规定的专用停车区域 ● 试乘试驾车证齐全，并有保险 ● 按车型特性规划试乘试驾路线，避开交通拥挤路段 ● 随车放置“欢迎参加试乘试驾活动”文件，附有路线图 ● 销售顾问必须具有合法的驾驶执照，若销售顾问驾驶技术不熟练，则请其他合格的销售顾问进行试乘试驾
试乘试驾之前	● 介绍完毕后主动邀请客户进行试乘试驾 ● 安排小型试乘试驾活动，积极邀请客户参加 ● 在展厅或停车场的显眼处设置“欢迎试乘试驾”的指示牌 ● 向客户说明试乘试驾流程，重点说明销售顾问先行驾驶的必要性 ● 向客户说明试乘试驾路线，请客户严格遵守 ● 查验客户的驾驶证并复印存档，签署安全协议与相关文件(“试乘试驾同意书”) ● 向客户简要说明车辆的主要配备和操作方法
试乘试驾中	● 若有多人参与试乘试驾，则请其他客户坐在车辆后排座位 ● 确认车上人员已系好安全带，提醒安全事项 ● 销售顾问将车辆驶出专用停车区域，示范驾驶 ● 销售顾问驾驶时依车辆行驶状态进行车辆说明，展示车辆动态特性
	● 在预定的安全地点换客户驾驶 ● 换客户驾驶时协助客户调整座椅、后视镜等，确认客户乘坐舒适并系好安全带，再次提醒客户安全驾驶的事项 ● 在客户视线范围内换到副驾驶座 ● 准备不同种类的音乐光盘供客户选择，试听音响系统 ● 让客户自己体验车辆性能，销售顾问提醒体验重点 ● 仔细倾听客户的谈话，观察客户的驾驶方式，发现更多的客户需求
试乘试驾后	● 确认客户已有足够时间来体验车辆性能，不排除再度试乘试驾的可能性 ● 适当称赞客户的驾驶技术 ● 引导客户回展厅(洽谈区)，总结试乘试驾体验，填写“试乘试驾意见表”(表 5-15) ● 适时询问客户的订约意向 ● 待客户离去后，填写客户信息，注明客户的驾驶特性和关注点

重点引导：

① 试乘试驾的目的是什么？

② 经销店是否有专门的试乘试驾用车和停车场地？

③ 试乘试驾的首要重点是什么？

④ 试乘试驾有哪些流程？

⑤ 在新车上市前是否自己亲身体验过新车的行驶性能？

⑥ 试车的路线是否经过了事先规划，并设计了相应的动态说明方法？

⑦ 客户试乘时作为销售顾问应有什么应对的动作？

⑧ 换手时应有哪些动作让客户感觉受到了尊重？

⑨ 客户试驾时作为销售顾问应有什么应对动作？

⑩ 试乘试驾结束时销售顾问应有什么动作？

在试乘试驾时销售顾问要随身携带一个笔记本，将无法妥当回答的问题记录下来，将客户特别在意的要点记录下来，将客户陪同人的话记录下来。尤其是在试乘试驾结束后，对客户说的所有具有评价性质的话以及其陪同人的评论最好都记录下来，如试乘试驾意见表(表5-15)，来店顾客调查问卷表(表5-16)。不要担心客户会看到你在作记录，作记录也是对客户的尊重和显示专业性的行为。在回访时销售顾问将用到记录的这些内容来唤醒客户对试乘试驾的感受。美好的感受要不断地被唤起，从而强化客户对车的好感和对销售顾问的好感。

有效展示是每一位销售顾问都要经历的步骤。无论是对专业性要求较高的静态展示，还是对事先准备以及说话基本功要求较高的动态展示，都是能够有效辅助销售顾问提高销售成功率的方法。本章提供的大量的实战技能，都是直接就可以进行操作的，其中还包括一些实用的工具。但是这一切都必须通过销售顾问不断的使用、练习，在实际工作中落实，才能体会到效果。要注意运用细节来赢得客户的信任和敬佩。

表 5-15　试乘试驾意见表

试乘试驾意见表

试乘试驾车型：　　　　　　　　　　　　　　________年____月____日

1. 请您就以下项目对试乘试驾车型给出您的意见：

起动、起步	□好	□较好	□一般	□差	□很差
加速性能	□好	□较好	□一般	□差	□很差
转弯性能	□好	□较好	□一般	□差	□很差
制动性能	□好	□较好	□一般	□差	□很差
行驶操控性能	□好	□较好	□一般	□差	□很差
驾驶视野	□好	□较好	□一般	□差	□很差
乘坐舒适性	□好	□较好	□一般	□差	□很差
静谧性	□好	□较好	□一般	□差	□很差
音响效果	□好	□较好	□一般	□差	□很差
空调效果	□好	□较好	□一般	□差	□很差
操控便利性	□好	□较好	□一般	□差	□很差
内部空间	□好	□较好	□一般	□差	□很差
内部工艺	□好	□较好	□一般	□差	□很差
上下车便利性	□好	□较好	□一般	□差	□很差
外形尺寸	□好	□较好	□一般	□差	□很差
外部造型	□好	□较好	□一般	□差	□很差

2. 您对陪同试驾人的满意程度：

□很满意　□满意　□一般　□不满意　□很不满意

3. 您对本店试乘试驾服务的满意程度：

□很满意　□满意　□一般　□不满意　□很不满意

4. 您的其他宝贵意见和建议：

姓名：____________________　地址：

电话：____________________　电子邮箱：____________________

表 5-16　来店顾客调查问卷表

来店顾客调查问卷

________年____月____日

■　您是如何知道本店的？

A. 报刊广告　　B. 网站介绍　　C. 电视广播　　D. 户外广告

E. DM(直邮)　　F. DH(宣传单页)　　G. 偶然路过　　H. 朋友介绍

■　您感兴趣的车型是？

A. 威驰　　B. 花冠　　C. 锐志　　D. 皇冠　　E. 普锐斯

F. 国产 SUV ____________　　G. 进口车____________

H. 其他____________

■　您选购车辆最重视的内容是什么？

A. 价格　　B. 外形　　C. 动力　　D. 安全　　E. 经济性　　F. 舒适性

G. 售后服务　　H. 其他____________

■　您考虑在多长时间内购车？

A. 1 个月内　　B. 3 个月内　　C. 半年内　　D. 1 年内　　E. 其他________

■　您现在驾驶的车型是？____________

姓名：____________

电话：____________

电子邮箱：____________

地址：____________

邮编：____________

5.3.3　车辆的介绍

不管是销售什么产品，只要你想把产品卖出去，就必须激起客户的购买欲望。客户产生购买欲望的前提是了解产品，所以销售顾问必须让客户充分“认识”产品。这样一个让客户“认识”产品的过程就是产品介绍。

1. FAB 陈述法

(1) FAB 陈述法的概念　很多客户在购买产品之前都犹豫不定，这往往是因为对产品的属性和优点不是很清楚，不清楚购买了这个产品之后会给自己带来什么样的好处。汽车是一种技术含量很高的产品，不仅涉及机械技术、电子技术，还涉及空气制冷等物理化学技术。所有的技术改进都是为人服务的，脱离了为人服务、不能让客户理解，这些技术就没有意义了。在买车的过程中，有时客户的需求并不会只局限于这款车型的一个卖点，而是出现两个卖点或者多个卖点并存的情况。例如，客户会注重车辆的经济性、安全性、舒适性等，这就要求销售顾问要综合介绍该车特点。

为了使介绍具有一定的逻辑顺序，且对每个卖点的介绍有效而不啰唆，就可以用到下面要讲的 FBA 陈述法了。

FAB 是由三个英文词汇组成的，其中 F 是指属性(Feature)，即产品的固有属性，是产品的某种事实、数据或者信息；A 是指优点(Advantage)，即产品的优点，是指产品的固有属性带给客户的好处，或者在使用产品时这些固有属性是如何为客户服务的；B 是指利益(Benefit)，即产品的利益，是指产品的那些固有属性以及优点是如何满足客户需求的。

案例：

谈到 FAB，在销售领域有一个很有名的故事——猫和鱼的故事。下面，我们来看看接下来发生的四个画面。

画面一：

有一只猫，很久都没有吃到食物了，肚子非常饿，它现在最需要的就是食物，然后大吃一顿，填饱自己的肚子，免受饥饿之苦。

这时，销售顾问拿来了一摞钱，放在猫的面前，但是这只猫没有任何反应——钱只是一个属性(Feature)，看得见，摸得着。

画面二：

这只猫已经饿得不行了，只能躺在地上来减少能量的损耗。

销售顾问又走过来说："猫先生，我这儿有一摞钱，能买很多鱼。"

钱可以去买鱼，这就是钱的优点(Advantage)，但是，猫还是没有任何反应。

画面三：

猫已经非常饿了，想食物想得快要疯了。

销售顾问又走过来说："猫先生，你看，这里有我给你的一摞钱，能买很多鱼，你可以大吃一顿了，再也不用担心饥饿会夺走你的生命了。"

话刚说完，这只猫就飞快地扑向这摞钱。这就是一个完整版的 FAB 的销售顺序，因为销售顾问告诉这只猫这摞钱能够满足它的需求。

画面四：

这只猫吃饱喝足了，需求也就改变了，这时候，它不再想着食物，而是想着自己的女朋友，想快点见到它，这样，它们就可以在一起打打闹闹，过愉快的日子了。

销售顾问过来说："猫先生，我这儿有一摞钱。"猫没有理他。

销售顾问又说："猫先生，这些钱可以买很多的鱼，你可以去大吃一顿。"可是猫还是

没有反应。

销售顾问很奇怪：刚才这句话起了那么大的作用，现在怎么就不可以了呢？

原因很简单，因为这只猫已经不想吃东西了。

以上这四个画面很好地阐释了 FAB 法则：销售顾问在推荐产品时，只有按照 FAB 的顺序介绍产品，才能有效地打动客户。

(2) FAB 句式的运用　从上面的内容中我们不难看出，FAB 陈述法是一种针对不同客户的购买动机，把最符合客户要求的产品利益介绍给客户，讲明产品的属性、优点和能够为客户带来的利益的一种销售方法。该方法在产品介绍的过程中，贯穿着一种属性、优点和利益之间的因果关系，所以就形成了如“因为……所以……对您而言……”的标准句式。

1)“因为……”。“因为……”这一句，讲的就是产品的属性(Feature)，它回答了产品“是什么，具有什么特征”的问题。

案例：

“(因为)我们这款车的发动机是全铝材质的……”

2)“所以……”。“所以……”这一句介绍了产品的优点(Advantage)，解释了产品的那些属性有什么优点。

案例：

“(因为)我们这款车的发动机是全铝材质的，(所以)质量更轻……”

3)“对您而言……”。“对您而言……”这一句是告诉客户产品会带给客户什么样的利益(Benefit)，也就是产品将如何满足客户的需求。

案例：

“（因为）我们这款车的发动机是全铝材质的，（所以）质量更轻，（对您而言）整个车的经济性就提高了，也就节省了您的日常开支。”

这样的车辆介绍方式，可以让客户充分地感受到车辆的性能将带给他的利益，从而让客户认为自己确实需要这一款车，进而促成交易。总之，销售顾问只要能够很好地运用 FAB 陈述法，产品介绍也会成为一件很容易的事情。

（3）FAB 陈述法使用前的准备工作　在运用 FAB 陈述法之前，销售顾问必须对自己所售车型的产品知识了如指掌，建议销售顾问把每款车型的属性、优点以及能给客户带来的利益以表格的形式（表 5-17）全部罗列出来，然后运用 FAB 陈述法多加练习，这样可以加深对产品知识的记忆以及增强对 FAB 陈述法的理解，进而做好产品介绍的工作。

表 5-17　FAB 陈述法

	属性（Feature）	优点（Advantage）	利益（Benefit）
外观			
性能			
构造			
方便程度			
耐久性			
经济性			
舒适性			
价格			
售后服务			
……			

2. 将产品属性向客户利益转换的技巧

每一辆车的属性，都是看得见、摸得着的，是实实在在的。可是，客户的利益却是无法触摸到的。这就需要销售顾问在介绍车辆的时候，能有效地将产品的属性转换成为客户的利益，并告之客户，以此来引发客户的购买欲望。

销售顾问要有效地将产品属性向客户利益进行转换，要求做到：知己知彼。所谓知己，是指销售顾问必须掌握产品知识，而产品知识包括了对产品全方位的认识，还包括对产品各个属性的深刻理解，以及对隐藏在属性背后的一系列问题的了解；而“知彼”就是指要明确客户的特殊要求。下面以车辆颜色为例，分析不同的客户对车辆颜色有着不同的偏爱。

（1）不同性别的偏爱性　男性依然是目前汽车消费市场上的主流群体，而且购车的决策权大部分还是掌握在男性手中，他们的喜好对车市色彩的总体趋势有着比较大的影响。男性客户倾向的颜色多集中在体现沉稳的暗色系，如黑色、灰色等。

而女性客户，她们更喜欢追求时尚、体现个性，所以女性客户对颜色的选择，则更青睐亮丽的颜色，如红色等。白色、银色和红色三种时尚的色彩依旧是女性最偏爱的颜色。

（2）不同年龄层次的偏爱性　年龄层次越低，对颜色的选择范围则越广。这一类客户会比较喜欢明朗的颜色，追求的是个性以及与众不同，例如，浅绿、芝士黄等亮丽而少见的颜色在年轻客户群体的选择中占有很大的比率。

年龄层次高的这些消费者都经历过很多生活的磨砺，是比较沉稳的一类人，因此他们对于车身颜色的选择也会比较单一，以沉稳厚重的暗色系为主，如黑色、白色、银色等。

至此，对于客户的特殊需求，就分析完毕了。具体来说，要将产品属性有效地转换为客户利益，可以按照以下五个阶段进行，客户利益五阶段如图 5-7 所示。

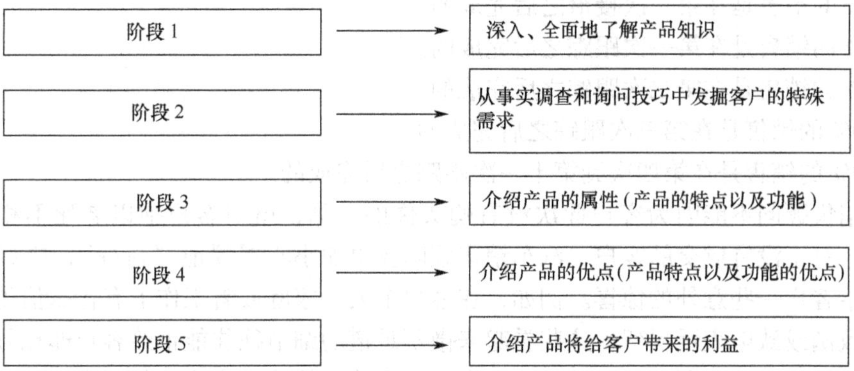

图 5-7　客户利益五阶段

对客户没有好处的产品，他是不会购买的。所以，作为一个销售顾问，我们要记住：我们卖的不是产品，而是产品将带给客户的利益。因此，产品介绍的关键和重点就是客户的利益。在为客户介绍产品将给其带来什么样的利益的时候，有以下四个注意事项：

1）尽量提到所有对客户有利的利益。在进行购买活动的时候，利益永远是客户最关心的事情。因此，所有和客户有关的利益，销售顾问都要尽量提到，而不能只陈述自己认为是最好的利益。

2）对于客户已经知道的利益也要说出来。即使客户已经知道购买产品后将获得的利益，你也必须将它说出来，这样既可以加深客户的印象，也避免了客户可能的怀疑。

3）有建设性、有把握地将客户利益说出来。只有自己相信自己所说的，别人才会相信你。所以，销售顾问要对自己陈述的客户利益十分有把握，最好不要出现如“可能”、“大概”“应该”等含糊不清的语言。

4）明确具体地将客户利益告诉客户。在客户真正使用产品之前，销售顾问所谈及的利益都是抽象的、概念性的，是没有经过实践检验的。如果销售顾问不能把产品将带给客户的利益用具体的、实在的、客户可明确感受到的语言描述出来，利益就不会变成吸引客户的因素。

5.4　客户联络与跟进

据调查显示，80% 的汽车销售顾问在跟踪一次后，不再进行第二次、第三次跟踪，只有少于 2% 的汽车销售顾问会坚持到第四次跟踪。这种不注重客户跟踪的工作方法是造成汽车销售顾问业绩不高的一个重要原因。

汽车销售顾问在适当的时机和客户取得联系，可以增强与客户之间的信赖关系，有利于销售工作的进一步开展。

1. 客户跟踪的重要性

目前大多数的汽车销售顾问都抱着“相逢开口笑，过后不思量”的态度，没有很好地落实客户跟踪这一项工作。当一次访问客户没有成交时，他们就用“客户在等着降价”、“他们早晚都会再来的”之类的想法来安慰自己。这样的“阿 Q 精神”在汽车销售中并不适用。

美国专业营销人员协会和销售实行协会有一组统计报告，从以下这组生动的统计数据中，汽车销售顾问应该会得到一些启示：

① 2% 的销售是在第一次接洽之后完成的。

② 3% 的销售是在第一次跟踪之后完成的。

③ 5% 的销售是在第二次跟踪之后完成的。

④ 10% 的销售是在第三次跟踪之后完成的。

⑤ 80% 的销售是在第四次到第十一次跟踪之后完成的。

汽车销售顾问不能因为客户此次没有购买你的产品，就对客户抱以老死不相往来的态度。相反，对于没有成交的客户，汽车销售顾问要更加小心翼翼地“讨好”，应尽可能通过一些方法给客户一些意外的惊喜。例如，在客户个人、家庭或者工作上有什么值得庆祝的时候，可以致函或致电表示祝贺。这些看起来微不足道的细节往往能带给客户非比寻常的满足感，为了回报汽车销售顾问的这份关心，客户也可能会给你带来意外的惊喜。

2. 客户跟踪的准备工作

在开始进行客户跟踪时，汽车销售顾问必须先做好客户资料的准备工作。首先，汽车销售顾问要做的就是查看客户的个人资料，对客户的需求等进行深入的分析。

（1）客户的基本情况　汽车销售顾问在与客户洽谈的过程中，都可以获得或多或少的客户的基本情况。在开始正式跟踪之前，汽车销售顾问应该对客户有所了解，清楚客户的职业、喜好、家庭背景等。全面掌握客户的家庭背景、职业背景和社会背景，可以帮助汽车销售顾问找到有益于销售的线索，并能了解客户此次访问没有购买的真实原因。汽车销售顾问对客户了解得越多，就越容易吸引客户，从而增加销售机会及提高再次成交的概率。

（2）客户的一般要求　所谓客户的一般要求就是指客户最基本的购买动机。了解这一因素有助于更好地向客户推介车型，如果汽车销售顾问所推介的车型连客户最基本的要求都不能满足，那么这位客户也就不可能成为你真正的客户，客户跟踪的工作也就没有什么必要了。

（3）客户的特殊要求　每个客户对车辆都有不同的要求，汽车销售顾问如果可以了解到客户的特殊要求，那么在接下来的客户跟踪工作中就可以更有针对性地对客户进行介绍并避免失误。

（4）客户的优先要求　在客户的特殊要求中，有些应是优先对待的，一般情况下在满足了这一要求后，客户对其他因素的考虑便不再重要了，所以，优先满足特殊要求可使销售工作事半功倍。

（5）汽车销售顾问向客户推介的车型　在进行客户跟踪时，销售顾问在很多情况下都会选择电话跟踪，所以不可能有那么多时间来进行车型介绍，因此汽车销售顾问应该把更多的精力放在之前向客户推介的车型上。

（6）客户留下的异议　客户留下的异议是最为重要的。如果客户在初次接触时提出异议，并且这个异议尚未解决或者汽车销售顾问的回答没有让客户完全满意（也就是汽车销售顾问在初次接触时还没有消除客户的异议），那么跟踪时应着重于解决客户的遗留异议。

3. 跟踪的流程控制

（1）对自己进行反思　不管汽车销售顾问的经验有多丰富，又或者有多么精湛的销售技巧，要保持每天 100% 的成交率都是一件不可能的事情。在成交失败的情况下，汽车销售顾问首先要做的就是让自己冷静下来，仔细地在脑海中重现销售过程中的每一个细节，回忆一下在培养客户的忠诚度上，自己作了多少努力；在服务上哪个方面出现了问题，是对客户的需求了解不足还是服务不周等。

（2）筛选需要跟踪和可以跟踪的客户　有些客户是不需要跟踪的，如客户对汽车销售顾问所推介的车型不感兴趣；有些客户是无法跟踪的，如汽车销售顾问没有建立可以和客户进行联系关系，或者客户十分明确地告诉你，不要主动给他打电话。

（3）确定跟踪客户的次序　在做客户个人资料档案时，汽车销售顾问应该根据成交的可能性对客户进行分级管理。对于成交率较大的客户，或者对所销售的某种车型有浓厚兴趣的客户，或者是留有异议的客户，汽车销售顾问应该将其列为优先跟踪的对象。

（4）确定跟踪的方式　每个汽车销售顾问的人生经历和性格特点都不相同，客户也一样，因此，汽车销售顾问可以采用的跟踪客户的方式有很多，如电话拜访、直接拜访、信函拜访等。根据不同的客户，汽车销售顾问可以选择不同的跟踪方式。

（5）明确跟踪的目的　客户跟踪的目的有三个：引起客户的注意或记忆，不能让客户看了别的车型就忘了我们的车；解答客户留下来的异议；再次激发客户的兴趣，如告知最近公司正在搞促销活动等，为下一步的销售工作创造条件。

（6）找个合适的理由　客户跟踪是为了达成销售，可是在形式上绝对不能采取“您考虑得怎么样了？”这样的方式向客户打探购买动机。这样可能会让客户产生抵触情绪，认为你迫切地希望这次交易能够成功，有点胁迫他的感觉，导致客户不愿意再与你接触。

因此，汽车销售顾问在进行客户跟踪时，要找出一些让客户更容易接受的理由。表 5-18 列出的若干个理由，都是客户比较容易接受的。

表 5-18　客户跟踪联系的理由

联系理由	适用对象
客户的生日到了	未成交的客户、成交的客户
保修期到了	成交的客户
节假日到了	未成交的客户、成交的客户
销售优惠活动	未成交的客户
邀请客户参加特别活动	未成交的客户、成交的客户
提醒客户参加特别活动	成交的客户

（7）准备跟踪洽谈的重点　每一位客户的跟踪洽谈重点都不一样。如果汽车销售顾问可以确定客户之前没有成交的原因，那么跟踪的洽谈重点就是针对这个成交障碍对客户进行说服。不过，跟踪洽谈的时间是有限的，汽车销售顾问要抓住客户最感兴趣的要点，或者将客户留下来的异议作为洽谈的重点。

（8）提供最新的情报　客户之所以还在犹豫，有可能是对汽车市场还缺乏了解，还想继续作调查；或者是对现有的车型不够满意；又或者期待 4S 店可以对车辆的价格作进一步的调整等。而这些让客户犹豫的问题都需要一份最新的情报来解决。

对汽车购买者来说，这些情报需要自己花很大的工夫去收集，如果汽车销售顾问能够在这个时候给客户提供一份正中客户下怀的情报，也许潜在的客户就会在很短的时间内下到你这买车的决心。以下为读者提供一些常用的表格作参考，表 5-19 为来店（电）客户跟踪表，表 5-20 为客户管理卡（正面），表 5-21 为客户管理卡（反面）。

表 5-19　来店(电)客户跟踪表

日期	时间	姓名	年龄	职业	地址	邮编	TEL		意向车型	现有车	商谈情况						备注	类别			
							住宅	手机			车检	说明	商品目录	调查问卷	试乘	旧车估价			拜访	TEL	DM
																	A, B, C				
																	A, B, C				
																	A, B, C				
																	A, B, C				
																	A, B, C				
																	A, B, C				
																	A, B, C				
																	A, B, C				
																	A, B, C				

注：如不知道客户姓名请用“?”填入。

表 5-20　客户管理卡（正面）

客户管理卡（正面）	1	自销保有客户	2	他厂牌保有客户	3	VIP	客户编号	

顾客资料								
客户名称		身份证或企业代码	接洽人或决定者	姓名		担当销售顾问		年　月
				单位				年　月
经营行业	代号	个人职业或服务单位：名称　职位	出生年月日	电话				年　月
领照地址	市　区　路　弄　号　室			电话		情报来源	1 VIP　2 基盘　3 来店（电） 4 员工　5 开拓　6 其他	介绍人：姓名　电话　关系
通信处或服务地点	市　区　路　弄　号　室			电话				

保有车辆													
车型代号	出厂年月	车身号码	牌照号码	领照日期 年	月	日	售价	贷款 金额	期数	分期到期日 年	月	日	销售记录统一编号

会员		精品安装	保险记录								保养记录		□主要（或实际）使用人　□领照名义			顾客特性	
否	是（有效日期）		年/日	公司	区分 意	全	年/日	公司	区分 意	全	1000	5000	名称	CARD NO：	与购车人关系	访问洽谈时间	
			/				/									经济收况	
			/				/									兴趣/参加社团	
			/				/									平均换车时间	

备注					
	其他				
	介绍记录	件数		成件交数	

表 5-21 客户管理卡(反面)

保有车辆交车领照后预定及访问记录																														
	年	月别													年	月别												
		预定														预定												
		实际														实际												
	年	月别													年	月别												
		预定														预定												
		实际														实际												

下次预定	实际访问			有望确度	经过情形	审核	下次预定	实际访问			有望确度	经过情形	审核
月/日	年	月	日				月/日	年	月	日			
/							/						
/							/						
/							/						
/							/						
/							/						
/							/						
/							/						
/							/						
/							/						
/							/						
/							/						

5.5　购买心理六阶段及有效的开场白

当汽车销售顾问与关键人物见面，并通过成功的接近技巧，化解客户初次见面的“心防”及取得客户对自己的基本认同之后，这时，汽车销售顾问就可以抓住时机，进入销售的主题。

进入主题的时机：

① 汽车销售顾问已经把自己推销出去了。

② 客户对汽车销售顾问已经消除了戒心。

要研究出一套接待客户、提供优质服务的标准流程和技巧，就有必要了解客户购买车辆的心理过程。在不同阶段，销售顾问要提供具有针对性的服务。

客户的购买心理可以分为六个阶段如图 5-8 所示。

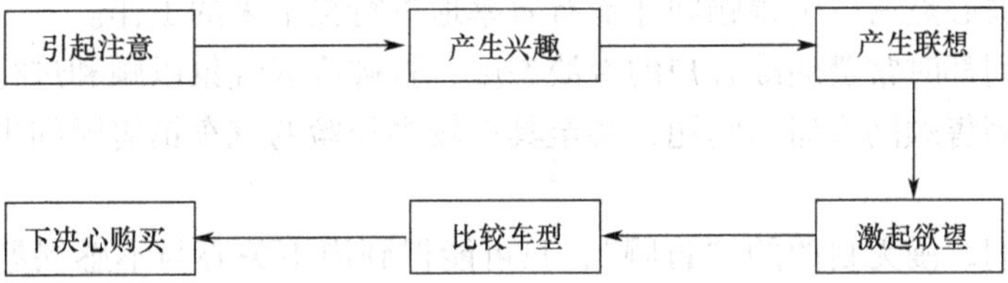

图 5-8　客户的购买心理六阶段

阶段 1：引起注意。

例如：“有这回事？以前从来没听说过！”

阶段 2：产生兴趣。

例如：“真的可以这么快？”

阶段 3：产生联想。

例如：“开着这辆车，一定会成为万众瞩目的焦点。”

阶段 4：激起欲望。

例如：“有了这辆新车，我就可以带我女朋友去海边兜风啦！”

阶段 5：比较车型。

例如：“我要再和别的车型比较一下，看看哪个性价比更高。”

阶段 6：下决心购买。

例如：“好吧！我们签合同吧！我要买这辆车。”

进入销售主题前，虽然通过准备的技巧及接近的技巧，使你与潜在客户之间有一些基本的认识，但在这个阶段你还无法掌握客户真正的购买动机。客户的购买动机是非常复杂的，例如，一位高级汽车销售顾问曾说：“当客户想要购买一部车子时，他也许会告诉您为了上班方便，但实际理由也许是隔壁邻居买了一部或是为了追女朋友方便。”

引起客户的注意处于第一个阶段。我们每一次在拜访新老客户的时候，都会发现自己正面临着以下三种可能出现的购买氛围中的一种：

① 积极的购买氛围：客户积极地倾向于购买。不必作任何促销游说，可以直接成交。

② 中性的购买氛围：客户既不积极地对待购买，也不消极地对待购买。这时，销售顾

问就必须开始发掘客户的需求。如果销售技巧运用得当，又有着足够的车辆知识，那么客户就极有可能会购买。

③ 消极的购买氛围：客户持封闭的心态，根本就不感兴趣，有时还可能说出极其消极的话。在这种情况下，他们不可能作出任何购买的决定。这时，销售顾问需在极短的时间内把客户至少引领到中性的购买氛围中，否则就根本没有机会做成生意。

在首次拜访新客户时，销售顾问的主要挑战是怎样把客户从消极的购买氛围引领至中性的购买氛围，以使他们从心理和感情上作好接受新内容的准备。许多经验丰富的专业销售顾问认为包括开场白在内，一般只有不到25 秒钟的时间去赢得客户的注意。同时，越来越多的销售顾问坚持认为对于消极和冷漠的购买态度加紧催逼是无济于事的。

由于不知道客户购买的真正动机，有时客户也不清楚他真正想要的是什么，因此销售顾问的开场白一定要以能引起客户的注意、能让客户醒悟的方式，陈述企业的车辆将带给客户的一般性利益。在陈述一般性利益时，要注意客户对哪些地方特别注意或产生兴趣。

掌握客户的关心点后，销售顾问才能有效率地进行接下来的工作。

所有销售顾问都时常遭遇准客户的冷淡态度，打破冷淡气氛以顺利进行推销工作往往是令新入行的汽车销售顾问头痛的问题，甚至具有较多经验的汽车销售顾问也常常不能很好地解决这一难题。

经验告诉我们，漫无目的的“盲聊”，只可能得到漠不关心与不感兴趣的反应。不要认为“三句话不离本行”是坏事，因为这样对方很容易知道你拜访的目的并非是进行社交活动，并能尽快知道你的来意。因此，销售顾问并不一定要故作隐瞒，但也无需直截了当地说明来意。所以为了打破准客户的冷淡态度，汽车销售顾问应该周密计划初次见面时所说的话。

一般来讲，最初的话往往决定对方对你的第一印象，这一方面可能会引起客户的关心，也可能会打消客户的关心。尤其在初次访问时，客户的心里总是存有“是否要求我购买呢”的抗拒心理，同时也有一种“见面也好，听听他说什么”的心理，是种混合而复杂的心理。因此，凭汽车销售顾问最初的一言，客户便可决定是“拒绝”还是“听听看”。高明的接近法能让销售顾问顺利地进入到商谈阶段；而笨拙的接近法，当时就有可能遭到客户回绝。

比较明智的做法是：开始时不露出任何“请你买”的行踪，而要给对方“这么好的车，若不给我们介绍的话，将是一件很遗憾的事”的感觉。也就是说用轻松的心情去接近对方，会得到较好的效果。

通常，汽车销售顾问应先介绍自己的公司，再介绍自己，然后说明为什么来访，这样做的用意是告诉客户自己绝不是来推销车辆的，而是说这件事情“对贵公司非常有利”，应该先强调对方能够得到的利益。传统的开场白往往会造成事与愿违的结果。如“我介绍一下××车型，它具备……特点”。相当多的汽车销售顾问使用这样的开场白，但这并不是一个有效的开场白。

有效的开场白具有以下三个要点：

① 设定访问目标。

② 侧重产品的某一特性，将能为客户带来利益作为介绍的开始。

③ 以客户的需求为话题导向。

销售顾问要设计出别出心裁、独到的方法，引起潜在客户的注意。但开场白到底如何说才算合适，并没有一个简单概括的答案。以下几种方式可供参考，而且也可在推销汽车时加以运用。

(1) 使用目的性开场白　有效的开场白中最常见的是目的性开场白。目的性开场白的语言结构与广告词的结构一样，目的是在最短的时间内使目标客户产生认同感。

广告词的语言结构有以下两种：

① 提出一个客户的需求。

② 指出产品的某一特性能够满足这一需求，能够给客户带来利益。

这种语言结构的好处是：客户之所以买是因为有需求，所以首先要有巧妙的需求表达创意，直接击中客户想要解决问题的关键。其次，在需求上客户产生共鸣之后，再为客户提供解决之道，描述产品特性能够满足客户的需求。

目的性开场白与广告词是一致的：提出需求，指出产品特性，满足需求，如有些车型空间太小，现代家庭喜欢大空间车，则首先提出客户喜欢大空间车这一需求，再提出××品牌车能满足这一需求。

注意要点：消除语言习惯，勿用“我认为……”“我要……”等以“我”字当头的话语。

客户希望你发现他的需求，所以要在了解客户的需求上下工夫。

(2) 以提出问题为开场白　在这种开场白中，汽车销售顾问可以找出一个和客户需要相关的问题，同时所推销的车辆又能满足客户，从而使客户作出正面的答复。要小心地提出对方可能会回答“不”的问题。例如，你可以问：“你希望减低 20% 的油耗吗?”你甚至可以连续地向对方发问，以引导对方注意你的车辆。例如，你可以问：“你看过我们的××车吗?”“没看过呀!”“这就是我们的车辆。”同时将样本进行展示，接着说：“敝公司派我特地来拜访您，您觉得我们的车辆如何?”

(3) 以讲述有趣之事为开场白　有时以讲一件有趣之事或笑话开场，也可以收到不错的效果。但在这样做的时候一定要明确，我们的目的不仅仅是想使客户快乐。所讲的事一定要与车辆的用途有关，或者能够直接引导客户考虑你的车辆。

(4) 以引证别人的意见为开场白　如果你真的能够找到一个客户认识的人(他曾告诉你该客户的名字,或者告诉你该客户需要你的车辆)，那么你可以这样说：“王先生，你的同事李先生介绍我前来拜访你，跟你谈一个你可能感兴趣的问题。”这时，王先生可能会立即要知道你所提出的一切，这样你已引起了他的注意，并达到了目的。同时，他对你自然会感到比较亲切。但要切忌虚构朋友的介绍。

(5) 以赠送礼品开场　以赠送如汽车小模型、钥匙扣等一类的小礼品作为开场，但是所赠送的礼品一定要与所推销的车辆或公司有关系，这点很重要，这样可以在送礼品的同时，顺便提到你想进行的交易。

(6) 请教客户的意见　人的大脑存储着无数的信息，但绝大多数的信息平常人们不会想到，也不会使用到，可是当别人提问某个问题时，人们的思考就会立刻集中在这个问题上，相关的信息、想法也会突然涌入脑中，人们便会集中注意力思索并表达对该问题的看法。请教意见是引起潜在客户注意的一个很好的方法，特别是销售顾问可以找出一些与业务相关的一些问题。在客户表达看法时，你不但能引起客户的注意，同时也了解了客户的想法，也满足了潜在客户被人请教的优越感。

（7）迅速提出客户能获得哪些重大利益　迅速地告诉潜在客户他能立即获得哪些重大利益，是引起客户注意的一个好方法。

（8）告诉潜在客户一些有用的信息　每个人对身边发生了什么事情都非常关心、非常注意，这也就是新闻节目一直维持最高收视率的原因。因此，销售顾问可收集一些业界、人物或事件等最新信息，以在拜访客户时引起潜在客户的注意。

（9）替客户解决问题　你在与潜在客户见面前，是否能事先知道客户面临着哪些问题？有哪些事情困扰着他？若能以关切的态度站在客户的立场上表达你对客户的关心，让客户感受到你愿意与他共同解决问题，他必定会对你产生好感。例如，当客户的维修保养费用因管理不良而逐年升高时，你若能承诺协助他解决此问题，客户便会注意你所说的每一句话。

（10）要有某些特别的提案　销售顾问要想把车辆顺利地推销出去，就得在每次访问时准备好特别的销售计划。换句话说，在面对准客户的时候，必须有个“针对他而计划好的某些特别的提案”，而不能光靠普通的说明。你打算对准客户进行的说明，必须是因人而异的说明，且完全符合各个准客户特性的说明。这就是说，你必须具备“访问那个人的特殊理由”，即要清楚以下问题。

① 要向他说什么？

② 要说服他做什么？

③ 打算采取什么“方法”？

④ 为什么他们要花时间听我谈话？

在准备访问的理由时，这些理由必须内容不一样。例如，你的公司目前正在推动过去已经做过而大有收获的各种促销活动；你的客户曾经反映过的事、谈过的事、目前的经济情况；某些特定的消息；其他公司正在使用的创意；你自己的观察所得等。再如以独特的方式，引起客户的注意。一般人购买汽车考虑的项目包括安全性、速度、宽敞舒适性、外形、服务及价格。例如“就服务性来说，这是我们企业最关心的一项重点，在服务上，我们从购车前就开始考量，重要的措施有……”

销售顾问以介绍车辆及企业的特点入手，借着说明观察客户的反应，以探求客户的关心点。这种开场白，使销售顾问能主控话题，能有条理地让客户获得一般资讯。

案例：

张涛在上海推销界已干了十多年。在这十多年里，他推销过多种车辆，逐渐从一个门外汉变成了一位推销高手。在别人请教他经验时，张涛说：“汽车销售顾问一定要带着一个有益于客户的构想去拜访客户。这样，你所遭遇异议的机会就会减少，你就会受到客户的欢迎。汽车销售顾问要作建设性的拜访。”张涛认为，汽车销售顾问应该多拜访客户，但是作建设性的访问，访问才会有效果。张涛的一位客户——一家零售店老板曾这样说：“今天早晨在张涛来访问我之前，已有15位汽车销售顾问来过了。这15位汽车销售顾问都只是一味地为他们的产品作广告，或谈价钱，或让我看看样本。然而，当张涛把一些有用的陈列方法告诉我时，我宛如呼吸到新鲜空气一样，真让人高兴。”张涛把“如何才能对客户有新帮助”的想法铭刻在心。他从不放过任何一个能对客户有所帮助的机会，即使是一个偶然的机会。要能够提出有益于客户的构想，汽车销售顾问就必须事先搜集有关的信息。张涛说：“在拜访客户之前，如果没有搜集到有关信息，那就无法取得成功。大多数销售顾问忙着宴请客户单位的有关负责人，我则邀请客户单位的员工们吃顿便饭，以便从他们那里得到有用的信息。”

评析：

为什么有的汽车销售顾问一直成功，而有的汽车销售顾问则始终无法避免失败？本案例回答了这一问题。

失败的汽车销售顾问常常盲目地拜访客户。他们匆匆忙忙地敲开客户办公室的门，急急忙忙地介绍车辆，遭到客户的异议后，又赶快去拜访下一位客户。他们整日忙忙碌碌，所获却不多。

汽车销售顾问与其匆匆忙忙地拜访十位客户而一无所获，不如认认真真做好准备去打动一位客户，即汽车销售顾问要作具有建设性的拜访。

所谓建设性的拜访，就是汽车销售顾问在拜访客户之前，要调查、了解客户的需要和客户遇到的问题，然后针对客户的需要和问题，提出建设性的意见，如提出能够增加客户销售量或使客户节省费用、增加利润的方法。

一位推销高手曾这样谈道：“准客户对于自己的需要，总是认为比我们汽车销售顾问所说的话重要。根据我个人的经验，除非我有一个有益于对方的构想，否则我不会去拜访他。”

汽车销售顾问向客户作建设性的访问，必然会受到客户的欢迎，因为你帮助客户解决了问题，满足了客户的需要，这比对客户说“我来是推销××车的”更能打动客户。尤其是在连续拜访客户时，汽车销售顾问带给客户一个有益的构想，是给对方留下良好第一印象的一个不可缺少的条件。

汽车销售顾问一定要抱着自己能够对客户有所帮助的信念去拜访客户。只要你把“如何才能对客户有所帮助”的想法铭刻在心，你就能够提出一个对客户有帮助的建设性构想。

第 6 章　如何撰写有说服力的建议书

学习目标：

- 了解撰写建议书的资料准备。
- 掌握让客户马上签约的方法。
- 掌握建议书的构成。

6.1　撰写建议书所需的资料

建议书是无言的销售顾问，它能够代替销售顾问，同时也对不同的对象进行销售，能突破时间与空间的限制；建议书也是销售过程的全面汇总，是客户取舍评断的依据。

在撰写建议书之前，销售顾问必须准备好撰写建议书所需要的资料。

撰写建议书需要哪些资料呢？

1. 客户的基本信息

例如客户的年龄、家庭情况、从事的行业、收入状况和身体状况等。

2. 正确分析客户的心理和发现需要改善的问题

首先找出客户对现状不满意的地方，销售顾问可以询问客户以及客户的家人对现状的意见。知道了客户对现状不满意的地方，销售顾问便能够想出改善的方法。

3. 把握竞争者的状况

销售顾问要明确竞争者的优劣势和提供给客户的各项交易条件等。获得了竞争者的信息，销售顾问在做建议书时就能针对竞争者的销售对策，突出自己公司所售车型以及交易条件的优势，协助客户做出正确的选择。

4. 了解客户的决定习惯

有些客户在作购买决定之前，习惯收集详细的资料，有些客户也会要求销售顾问对建议书进行说明。所以，销售顾问在做出一份对客户口味的建议书之前，就必须了解客户在作购买决定之前的习惯。

6.2　建议书的撰写技巧

6.2.1　撰写建议书的目的

销售顾问撰写书面建议书的目的在于有效地帮助决策影响人从决策人那里获得购买车辆的同意意见。一般情况下，销售顾问的书面建议书是决策影响人用来说服决策人的基础。建议书的最终目的就是获得订单。因此，掌握建议书的撰写技巧能够帮助销售顾问达到获取订单的目的。

6.2.2　如何让客户马上签约

1. 让客户感到满足

让客户感受到自己的要求得到了满足，自己的问题也得到了解决。

客户来展厅购买汽车时，必然是对现状不满或者想改变现状的。客户心理已经有了这种想法，如果销售顾问能够及时地提供给客户一套能够解决其问题的建议案，客户就会觉得你帮了他一个大忙。但如何才能提供这样一套建议案呢？关键就在于正确分析出客户感觉到的问题点。

2. 与关键人物进行沟通

关键人物有五种：采购员、采购主管、使用人、预算控制部门和关键人士。

表 6-1 就是在撰写建议书的过程中，针对这五种人物提出的注意事项。

表 6-1　撰写建议书的注意事项

关键人物	撰写建议书的注意事项
采购员：代表企业和你沟通的第一线人员，负责向企业上级人员说明车辆信息、能够改善的问题以及能够提升的效率	销售顾问在撰写建议书时，对细节部分要严密，不能有任何破绽，可用附件的方式补充说明，务必要让采购员能够及时回答上级提出的问题
采购主管：多半对琐碎的细节无暇过目，比较看重结果，至于导致结果的缘由细节，都是授权给采购员去审核	采购主管关心的重点是建议书的“主旨”、“目的”和“结论”，所以销售顾问在撰写建议书时，这三项要能够满足采购主管的要求
使用人：产品的使用者	销售顾问撰写建议书的重点就是针对使用人提出的现状问题及希望改善的地方，详细说明使用新的车辆后能够解决当下存在的问题
预算控制部门：他们关心的重点就是费用是否合于预算	销售顾问在撰写建议书时，各项费用状况务必清楚明确，并以报表的形式汇总各明细，使人可以一目了然
关键人士：位于企业的高层，他们关心的重点有两项：效用和优先顺序。效用，即你所销售的车辆对企业的营运有帮助的效用。优先顺序，即关键人士会从企业全盘角度去考虑事情，他面临的往往不是单一的事件，他会权衡完全不相干的两件事情而做出执行上的优先顺序	销售顾问在撰写建议书时如果能巧妙地满足效用和优先顺序这两个条件的话，那么所撰写的建议书一定会很具有说服力

6.2.3　建议书的构成

一份完整的建议书有十个项目是必不可少的，即封面及标题、问候、目录、主旨、现状分析、建议改善对策、比较使用前后的差异、成本效益分析、结论和附件。以下针对这十项内容逐一进行介绍：

1. 封面及标题

1）封面要选用较好的材料。

2）封面设计应大方，应具有条理。

3）封面要标明主题、提案人和日期。

4）封面可依建议书的厚薄考虑装订的方式。

5）标题的拟定可以从配合客户公司的政策及策略的方向考虑，如提高效率、提高士气、增加员工福利等，这样客户会觉得你的建议案对执行公司的政策和策略有帮助。

6）在撰写标题时，要加入实际的标的物。例如，现状分析，可加上“贵公司使用××型车现状分析”；效益分析，可加上“使用××型车带给贵公司的利益”，从而使阅读建议书的人有临场的感觉，也使建议书更加生动。

2. 问候

1）要单起一页。

2）首先要感谢客户给予这次机会，可以让你进行销售的动作。

3）感谢相关部门给予的协助，同时借此表明你为了给客户提供最好的建议案，投入了相当多的时间与精力。

4）问候感谢词不宜过长，也不要提到个别感谢对象。

3. 目录

标题的顺序，可参照如图 6-1 所示的标题的顺序。

目录

1 主旨 …… 1
2 现状分析 …… 3
3 改善对策 …… 7
4 使用前后差异比较 …… 9
5 成本效益分析 …… 13
6 结论 …… 15
7 附件 …… 18

图 6-1　标题的顺序

4. 主旨

主旨是整个建议书核心内容的浓缩说明，可以使客户一目了然建议书的内容。

1）应从客户公司想要达成的目标着手拟定建议书的主旨。

2）指出采用建议案之后，能达成的目的及由此带来的益处。

3）主旨要尽可能地简洁扼要。

主旨的格式如图 6-2 所示。

为配合……（公司或客户的要求）
本公司为贵公司提供……（满足客户需求的车辆说明）
贵公司使用本公司的＊＊型车将……（满足客户需求以及带来的好处）

图 6-2　主旨的格式示例

5. 现状分析

1）分析存在的问题以及产生问题的原因。

2）问题的分析必须是有据可循的，必要时事先要获得客户公司相关工作人员的确认。

3）问题必须是客户关心的或者是客户感兴趣的。

4）原因的把握要得到客户的认同。

6. 建议改善对策

建议书的对策必须是针对问题存在的原因进行改善的，并且要让客户理解，同时，要有具体的资料证明建议的政策是切实可行的。

7. 比较使用前后的差异

在建议书中要比较出在采纳建议案之前和采纳建议案之后公司现状的差别，并给出具体的证明，将对购买决定有影响的有利因素及不利因素进行比较，以便客户能客观地判断产生的差异。需要注意的一点就是：比较时仅提出结果的比较，详细原因部分可以以附件的形式作为说明。

8. 成本效益分析

1）建议书的成本计算要正确合理。效益可以分为有形效益和无形效益，有形效益最好能数值化。

2）效益必须是客户能够认定的。

9. 结论

建议书的结论就是汇总带给客户的特殊利益及效益，结论要能够要求订单。

10. 附件

附件包括图片、技术参数表等，必须让客户能够很容易地进行查询，建议给每一个附件加上标题和页码。

销售顾问要记住，在撰写建议书时，要随时提醒自己以下两点：

① 客户为什么要接受我的建议呢？

② 还有哪些关键点可以使客户做出迅速、准确的决定呢？

并不是你提交完建议书之后，工作就算完成了，计划跟踪事件也是很重要的。首先，要打电话给客户确认客户是否已经收到建议书了。不要在等了很长一段时间之后再去确认客户是不是已经收到了建议书，因为如果客户觉得你的建议不可行，他就有可能在你打电话之前就做出了某种决定，这样你就失去了机会。可以这样说：“请问您是否收到了我们公司的建议书和报价单呢?”如果客户还没有看完你提交的建议书，你需要再次致电，直到客户已经看完了。

建议书是利用文字的组合来进行销售，其逻辑结构以及表达方式，都能够体现出一个销售顾问是否够专业。撰写建议书的目的是让阅读建议书的客户感受到销售顾问的专业水准，从而认同销售顾问的建议，进而促成交易。

图 6-3 和图 6-4 是两个报价单的范本，供读者参考：

报　价　单

公司　　　　　　先生　　　　　　编号

蒙贵公司　　　月　　　　日（电话|来函|当面赐教），不胜感激，并将贵公司要求的车型的报价提供如下，供贵公司选择参考。

一、报价有效日期　　年　　月　　日以前

二、报价

车型及附加	说　明	数量	单　价	金额	参考资料

三、交货日期：订货后　　　日内交货

四、付款条件：

经手人：__________

经　理：__________

图 6-3　报价单范本 1

报　价　单

公司　　　　　　先生　　　　　　编号

一、报价日期：　年　　月　　日

二、报价有效日期：　　　年　　月　　日以前

三、报价项目：

车辆及附加	规格说明	数量	单　价	金　额	交货日期
合计：					

四、付款条件：

五、附件：　　　件，样本　　　件，图片　　　，书面说明　　　页。

经手人：__________

经　理：__________

图 6-4　报价单范本 2

第 7 章　嫌车才是买车人

学习目标：

- 明确对待客户异议的正确态度。
- 了解客户异议产生的原因。
- 了解常见的客户异议的类型。
- 掌握处理客户异议的原则和方法。
- 掌握处理价格异议的步骤。
- 熟练掌握处理价格异议的方法及实战技巧。

7.1　如何对待客户的异议

情景案例引导：

客户说市场不景气

在日常销售过程中，时常会遇到客户的异议，我们要如何面对呢？例如，当客户说市场不景气时，应这样回答：×先生，多年前就存在着一个真理：当别人都卖出时，成功者购买；当别人都买进时，成功者卖出。这些日子以来有很多人谈到市场不景气，但在我们的公司，我们决定不让不景气困扰我们。今天许多很成功的人都在不景气的时候建立了他们成功的基础。他们做出购买决策而成功。今天，你有相同的机会做出相同的决定，你愿意吗？

在销售行业，有一句话是这样说的：异议处理是销售的鬼门关，闯过去了就海阔天空，闯不过去就前功尽弃。

这里的异议是指客户对销售顾问所说的内容不明白、不同意或者有反对意见。

从销售顾问一开始接近客户，到搜索客户资料、接待客户、进行车辆介绍等在销售的每一个流程中，客户都有可能提出异议。销售顾问如果可以成功地消除客户心中的异议，则客户内心的天平就会向购买倾斜；反之，客户的购买信心就会被大大削弱。

正确处理客户异议是销售过程中的一项重要的工作，也是保证销售成功的重要前提。越是懂得异议处理的技巧，销售顾问就越能够冷静、坦然地化解客户的异议。每化解一个异议，就摒除销售顾问跟客户之间的一个障碍，销售顾问就可以更加接近客户一步。

要想能够得心应手地处理客户的异议，首先就要对客户的异议持一个正确的态度。

很多新入行的销售顾问，对销售过程中的客户异议总是抱着负面的看法。他们认为客户对车辆价格、性能等提出异议是在故意刁难他们，所以一些新的销售顾问会很排斥客户提出问题。一旦听到客户提出异议，销售顾问原本热情的态度就会变得冷淡，甚至会手忙脚乱，因此销售顾问心中便产生了挫败感以及对客户异议的恐惧感。

对于一个出色的销售顾问来说，客户存在异议并不是一件坏事，客户异议可能是一盏灯，照亮销售顾问继续努力的方向，也就是说他们可以在客户异议中看到另外一层含义。

① 通过客户提出的异议，可以判断出客户是否真的有需要。通常情况下，如果客户越用心挑剔，就证明客户对车辆的关注程度以及购买兴趣就越高。

② 通过分析客户提出的异议，可以了解客户对你所销售车型的接受程度，清楚客户不购买的原因，从而对症下药，迅速修正自己的销售战术。

③ 通过客户提出的异议，可以获得更多的信息，明白客户在购买决策中的障碍，并对此采取相应的销售策略。

销售顾问要牢记“销售是从客户的拒绝开始的”。在销售中，有异议不可怕，怕的就是客户没有异议。一般来说，只有对车辆不感兴趣，没有购车意向的客户才会没有异议。客户异议的提出，确实给销售顾问的工作设置了障碍，可与此同时也表示客户对该车辆是有兴趣的，销售顾问继续努力就有成交的希望。销售顾问可以通过客户的异议了解客户的真实想法和需求。这就是嫌货才是买货人。

所以，在销售过程中，销售顾问不应该对客户异议有所抵触，而是要主动询问并尊重客户的异议、欢迎客户提出异议。对待客户异议的正确态度如下：

① 把异议当成一种积极的信号，抓住这个销售机会。

② 保持积极的心态，认真倾听并理解客户的异议。

③ 站在客户的立场上，体贴、耐心地化解客户的异议。

7.2 异议产生的根源

客户异议产生的原因是多种多样的，通常情况下，将客户产生异议的原因归纳起来，大体上可分为以下三个方面：

1. 客户方面

案例：

客户说：“不，我不要”

答：×先生，这世界上有很多推销员，他们有许多理由让您接受他们的产品。当然你可以对他们说不。在这个行业中，我的经验告诉我一个事实：没有人可以对我说不，当他对我说不时，实际上他只是对自己未来的幸福快乐说不。×先生，假如有一个产品，你的客户很喜欢，而且非常想要拥有它，你会不会因为一点小小的问题而让客户对你说不呢？所以，×先生今天我也不会让你对我说不。

1）拒绝改变。这和客户的购买习惯以及消费经验是分不开的。由于每个客户都是独立的、能动的主体，有自己的购买习惯以及消费经验，从而造成了客户的情感认识往往带有片面性，而且又难以用讲解或者说服的方法来消除。当客户对某一品牌、产品、服务情有独钟时，其他的同类产品或服务就很难吸引客户了，这样，客户异议就产生了。

2）客户需求。根据马斯洛的需求理论，需求由低到高分为五个层次。处于不同层次的客户对同一产品或服务会有不同的评价。对于同一产品，有些客户可能会认为档次太高，有些客户则会认为档次太低，还有一种情况就是客户根本没有需求或者客户的购买意愿还没有被激发出来，这些情况都会使得客户提出异议。

3）客户的支付能力。支付能力是影响购买行为的关键因素，如果产品或服务的价格与客户心里的期望值不一样，或者是因为客户的预算不足，客户就有可能提出各种理由来阻碍成交。而由此产生的异议就会多种多样。

4）客户的心情不佳或者怕麻烦、不放心。当客户的情绪正处于低潮，没有心情进行商谈时，即使客户想成交，他也会因一时的情绪影响，提出各种异议甚至进行恶意反对，有意阻止成交。

5）客户找借口、推脱，这时客户就不愿意花时间继续商谈。

6）隐藏的异议。当客户抱有隐藏的异议时，就会提出各种各样的异议。

2. 汽车销售顾问方面

在销售过程中，汽车销售顾问的任何言行举止都有可能引起客户的不满，从而对其购买决策产生影响。

1）汽车销售顾问的言行举止以及态度无法获得客户的好感。

2）汽车销售顾问的服务不周，导致客户心里不平衡，从而提出异议。

3）汽车销售顾问作了夸大、不符合事实的陈述。有些汽车销售顾问为了说服客户，往往以不实的说辞哄骗客户，结果带来了客户更多的异议。

4）过多的专业术语。如果汽车销售顾问在销售过程中使用过多的专业术语，客户就可能会认为销售顾问在故意卖弄，或者让客户觉得自己无法使用这款车从而提出异议。

5）不当的沟通。销售顾问说得太多或者听得太少都不能准确地把握住客户的问题点，从而使客户产生很多的异议。

6）汽车说明与展示失败。汽车说明与展示失败会立刻遭到客户的质疑。

7）汽车销售顾问姿态高。汽车销售顾问处处想说赢客户，让客户产生不愉快的情绪，让客户难堪，这就会使客户提出更多主观上的异议。

3. 产品方面

案例：

客户问："它真的值那么多钱吗？"

答：×先生，多年前我发现，完善测试一款产品的价值，就是看它是否经得起十倍测试的考验。假如您投资于房子、车子、珠宝以及其他为您带来乐趣的事物上，但是拥有一阵子之后，您现在是否愿意付出比当时多十倍的钱来拥有它？例如，你进行了健康咨询因而改善了身体的状况，或是您作了形象设计，因此提升了自己的自信以及增加了自己的收入，那你所付出的也就值得了。在日常生活中，有些产品对我们的改变，我们会感恩地付出十倍的价格来拥有它。

在产品方面，客户总是以是否满足自己的需求作为判断的标准。所以，在商谈过程中，客户对产品本身提出的异议也很常见，包括对产品本身的价值、功能、利益、质量、价格、造型、式样、规格、包装、售后服务等诸多方面，客户都会提出反对意见。如果客户的需求得不到充分的满足，客户一般情况下就不会认同销售顾问提供的产品以及服务了。

在销售过程中，销售顾问可以按照以上的分类来判断客户产生异议的原因，然后针对产生异议的真正原因，研究应对策略，那么这次的失败就是下次成功成交的基础。

7.3 汽车销售中常见的客户异议

下面来分析汽车销售中常见的几种客户异议。

1. 需求异议

需求异议是指客户认为自己不需要销售顾问所介绍的车辆从而形成的一种反对意见，一般是在销售顾问向客户介绍完车辆之后，客户当面拒绝的反应。例如，客户会提出“我们已经有商务车了，凑合着还能用，目前还不需要。”“我根本用不上。”等异议。这类异议有真有假。真实的需求异议是成交的直接障碍。销售顾问如果发现客户真的不需要所介绍的车辆，那就应该立即停止介绍。虚假的需求异议既可以表现为客户拒绝的一种借口，也可以表现为客户没有认识或不能认识自己的需求。销售顾问应该认真判断客户需求异议的真伪性，对具有虚假需求异议的客户，设法让其觉得销售顾问所介绍的车辆提供的利益和服务，是符合其需求的，使客户动心，再与之进行洽谈。

2. 价格异议

案例：

客户说：“太贵了。”

答：“到底是贵多少呢？这个产品你可以用多少年呢？按××年来计算，每月、每星期、每天的投资是多少，你每花××元钱，就可获得。”

价格异议是指客户以销售顾问所介绍车辆的价格与价值不相称而拒绝购买的异议。无论产品的价格是怎样的，总有些人会说价格太高、不合理或者是比竞争者的价格高。例如，“这款车太贵了，我买不起。”“我用不着买这么贵的车。”“之前我在另一个4S店里问过了，比你们这个价钱要低。”当客户提出价格异议时，表明他对所介绍的车辆有购买意向，只是对车辆的价格不满意，从而进行讨价还价。当然，也不排除客户以价格高为拒绝销售顾问介绍的借口。在实际的销售工作中，价格异议是最常见的，销售顾问如果无法处理这类异议，就很难达成成交的目的。价格异议是因客户自身的购买习惯、购买经验、认识水平以及外界因素而产生的一种自以为推销品价格过高的异议，它包括价值异议、折扣异议、支付方式异议以及支付能力异议等。

3. 产品异议

产品异议是指客户对产品的使用性能、质量、设计、结构、品牌、规格、包装等方面提出的异议。例如，“我不喜欢这种颜色。”“这个产品造型太古板。”“新产品质量都不太稳定。”“这辆车太耗油了！”客户对产品产生异议表明客户对产品有一定的认识，但了解得还不够，担心这种产品能否真正满足自己的需要。客户对产品提出异议，有可能是产品本身确实存在某些缺陷；也有可能只是客户的一种主观看法，如偏见、借口等。所以，虽然有些客户具有比较充分的购买条件，但就是不愿意购买。这就要求销售顾问一定要充分掌握产品知识，能够准确、详细地向客户介绍产品的使用价值及其利益，从而消除客户的异议。

4. 货源异议

货源异议是指客户认为不应该向有些4S店的销售顾问购买车辆的一种反对意见。例如，“我一直喜欢大众的车。”“我有朋友在卖这个车。”“我一定要开纯进口的车。”。客户提出货源异议，表明客户愿意购买产品，只是不愿向眼下这位销售顾问及其所代表的公司或者品牌购买。当然，也有一些客户会利用货源异议来与销售顾问进行讨价还价，甚至利用货源异议来拒绝销售顾问的接近。因此，销售顾问应认真分析产生货源异议的真正原因，并利用恰当的方法来处理货源异议。

5. 购买时间异议

购买时间异议是指客户认为此时不是最佳的购买时间或者对销售顾问提出的交货时间表示不满的异议。这种异议的提出也可能会有两种情况：一种是购买时间确实欠佳，还有一种就是客户将其作为拖延或推脱购买的借口。

通常情况下，客户总是不愿意马上下决定，许多客户用拖延来代替说“不”，所以销售顾问经常会听到客户说“让我再想一想，过几天再给你打电话。”“我们要回家商量一下，决定了再通知你。”以及“把材料留下，以后答复你”等。这些拒绝意味着客户还没有完全下定决心，拖延的真正原因，可能是因为价格、产品或其他方面不合适。有些客户还利用购买时间异议来拒绝销售顾问的接近和面谈。因此，销售顾问要具体情况具体分析，做到有的放矢，认真处理。

6. 财力异议

案例：

客户说：“没有预算(没有钱)。”

答：×先生，我了解，一个管理完善的企业需要仔细地进行预算。预算是帮助公司达成目标的重要工具。但是工具本身需具备灵活性，您说对吗？假如有一款产品能帮助贵公司提升业绩并增加利润，×先生，您是让预算控制您，还是您来调整预算？

财力异议是指客户认为缺乏货币支付能力而产生的异议。例如，“这辆车真的不错，可是我根本没这么多钱买。”“近来资金周转困难，没有多余的钱来买车了。”在很多情况下，真正因为财力困难的客户往往不会直接表示出来，而是通过其他方面，如车辆的性能、货源等间接表现出来；而财力并不困难的客户却常常将没有钱挂在嘴边上。对于客户的支付能力，销售顾问在寻找潜在客户的阶段就已经进行了严格的审查，因此在销售过程中能够准确地辨认真伪。处理真实的财力问题是比较复杂的，销售顾问可以根据具体情况协助客户解决支付能力问题，如进行贷款等，或通过说服客户，使客户觉得这是一次难得的购买机会而负债购买。对于作为借口的异议，销售顾问要在了解客户的真实情况后再作处理。

7. 权力异议

案例：

客户说：“要考虑一下”

答：×先生，您要考虑一下，一定是对我们的产品确实很感兴趣。我的意思是，您不会要考虑一下，只是要躲开我吧？因此，我可以假设，您会很认真地考虑我们的产品是吗？×先生，我刚才到底是哪里没有解释清楚，所以您说您要考虑一下呢？×先生，说真的，会不会是钱的问题呢？

权力异议是指客户以自己无权做出购买决定为理由而提出的一种异议。例如，“这种事我要同家人商量，问问他们的意见。”“领导不在。”与需求异议和财力异议一样，权力异议也有真实和虚假之分，客户有可能是真的没有这个权力，也有可能只是客户的托词。销售顾问在寻找潜在客户的时候，就已经对客户的决策权状况进行过认真的分析，也已经找准了决策人。对没有购买权力的客户极力来介绍车辆是销售工作的严重失误，是无效营销，销售顾问应该在找准对象之后，再进行销售工作；在决策人以没有权力作决定为借口拒绝销售顾问及其产品时放弃继续跟进客户更是销售工作的失误，是无力营销。根据这两种情况，销售顾问必须根据自己掌握的有关情况对权力异议进行认真分析，然后进行妥善处理。

8. 对汽车销售顾问的异议

对汽车销售顾问的异议是指客户对销售顾问的行为提出的反对意见。这类异议大多都是由销售顾问自身的原因引起的。有些客户不愿意购买，只是因为对某个销售顾问有异议，即客户不喜欢这个销售顾问，不愿让其接近，同样也会排斥该销售顾问的建议，但客户会接受一个自己喜欢的、适合自己的销售顾问。例如，“我是来找小张的。”“对不起，请贵公司另派一名销售顾问来。”销售顾问说话浮夸、不讲礼仪、信誉不好等都会引起客户的反感，所以销售顾问对客户应该以诚相待，多与客户进行情感交流，做客户的知心朋友，这才是消除客户对销售顾问的异议的最好方法，这样才能争取与客户的合作。

以上就是汽车销售中常见的八种客户异议的具体表现，这些异议有些是真实的，有些是虚假的。在客户提出异议之后，销售顾问必须先揣测客户的真实想法，然后采取相应的应对策略。

表 7-1 为客户异议的潜台词，关于异议的经典理论见表 7-2，供读者参考。

表 7-1 客户异议的潜台词

客户异议	潜台词
我不觉得这个价钱代表“一分钱一分货”	除非你能证明这款车是物超所值的
我想要再比较一下	你要是可以说服我，我就买，否则我就不买
这辆车也太贵了吧	除非你能证明这辆车物有所值
我从来都没有听说过你们公司	我需要知道你们公司的实力以及信誉
我第一次到这边来逛	我需要一辆车，但是我想知道你们公司是否有信誉、值得信赖
我只是随便看看，并不是需要购买	你要是能够说服我，我就买，否则，我就当是散步了
我觉得这款车不是很适合我	除非你能够证明这种车型与我的身份、地位以及年龄是相称的

表 7-2 关于异议的经典理论

- 异议是表达客户内心真实想法的最好方式
- 异议经处理可以缩短销售的周期，而争论只会拖延销售进程，甚至葬送此次销售机会
- 没有异议的客户才是最难应付的客户
- 注意聆听，及时分辨客户异议的类型
- 存在异议表示销售顾问所提供的服务仍然不能满足客户的需求
- 不可用夸大、不实的话来处理异议，当销售顾问不知道答案时，要坦诚相告，并要尽快想办法提供答案
- 将异议视为客户希望获得更多信息的信号
- 存在异议表示客户还有求于销售顾问

7.4　处理客户异议的原则和方法

7.4.1　处理客户异议的原则

处理客户的异议必须要遵循一定的原则。销售顾问如果违背了这些原则，就可能使自己不断地陷入被动的局面，甚至销售失败。

处理客户异议的原则有以下几方面：

1. 做足前期准备工作

“不打无准备之仗”，这是销售顾问处理客户异议的第一个必须遵循的原则。

销售顾问可以在与客户见面之前，就罗列出客户可能提出的各种异议，然后针对每个异议考虑一个妥帖的答复。

如果在事先做好了准备，那么当客户提出异议时，销售顾问就可以做到心中有数、胸有成竹、从容地应付客户的异议；反之，如果在事先没有做好准备，当客户提出异议时，销售顾问心中没底，就会张皇失措，乱了手脚，也就不能给客户一个满意的答复，导致客户流失。

如果销售顾问有足够的经验，则完全可以在正式销售前进行收集、整理客户的异议，并整理客户异议的答复。

编制标准的应答语是一种比较好的方法，具体编制程序如下。

步骤 1：把每天遇到的客户异议记录下来。

步骤 2：进行分类统计，依照每一个异议出现次数的多少排列顺序，将出现频率最高的异议排在最前面。

步骤 3：以集体讨论的方式编制适当的应答语，并编写成文，记入脑海。

步骤 4：由具有经验的销售顾问扮演客户，和其他销售顾问一起轮流练习标准应答语。

步骤 5：对于在练习过程中发现的不足，通过讨论之后进行修改和完善。

步骤 6：对修改过的内容再进行练习，最后定稿备用，最好印成小册子，可以供人随时翻阅，以达到运用自如、脱口而出的程度。

2. 选择适当的答复时机

一名优秀的销售顾问对于客户的异议不仅能给予一个比较圆满的答复，而且还懂得选择恰当的时机对客户的异议进行答复。往往是这种懂得在何时回答客户异议的销售顾问才有很大的成绩。

汽车销售顾问对客户异议的答复时机有以下四种情况：

（1）在客户提出异议之前回答　将客户的异议扼杀在萌芽状态，是处理异议最高明的方法。汽车销售顾问如果察觉到客户马上就会提出某种反对意见，那么最好的方法就是抢在客户之前把问题提出来，并给予解释。这样，销售顾问就可以争取主动，先发制人，避免了纠正客户的看法或者反驳客户的反对意见，也可以避免与客户发生争论而引起不快。

一名优秀的汽车销售顾问完全有可能揣摩到客户的异议并抢先作处理，因为客户异议的产生具有一定的规律性。例如，汽车销售顾问在同客户介绍车辆时，客户就有可能会从比较陌生的地方去琢磨问题。有时客户并没有提出异议，可是异议却可以从他们的表情、动作以及谈话的用词和声调中有所流露，汽车销售顾问若察觉到这种变化，就可以抢先为其解决疑问。

（2）在客户提出异议之后立即回答　在一般情况下，汽车销售顾问对客户提出的异议都必须立即给予回答，这样既可以表示对客户意见的重视与尊重，也可以促使客户购买。下列异议是销售顾问必须立刻进行处理的。

1）客户提出的异议属于客户重点关心的事项时。

2）销售顾问必须先处理完这些异议才能继续进行销售说明时。

3）处理完这些异议后，客户能立刻决定购买时。

（3）对客户的异议延迟回答　对于有些客户的异议，若销售顾问急于解答反倒是不明智的。经验表明：与其仓促答错十题，不如从容答对一题。对于以下异议，销售顾问最好保持沉默，无需进行立即作答。

1）当客户还没有完全了解产品的特性以及利益就提出价格问题时，销售顾问最好将这个异议延迟后再作处理。销售顾问可以告诉客户，要是产品不合适，价格再便宜也没用，等了解完产品，再来谈价格也不迟。

2）如果销售顾问对客户的异议不能马上给出一个令客户满意的回答，如是在销售顾问的权限之外或者销售顾问也不能确定的问题，应暂时搁下，但是销售顾问要保证会迅速找到答案并告诉客户。

3）当客户提出的反对意见有可能随着销售洽谈的进行而逐渐减少或消失时，可以不马上进行回答。

4）客户的异议模棱两可、含糊不清、让人费解。

5）客户的异议不是三言两语就能解释得清楚的。

6）客户的异议显然站不住脚，不攻自破。

7）客户的异议涉及较深的专业知识，销售顾问若缺乏专业知识，立即回答就很有可能出错，可以不马上进行回答。

（4）对客户的异议不予回答　对于以下异议是不需要回答的。

1）容易引起争论的话题。

2）无法回答的奇谈怪论。

3）废话。

4）可一笑置之的戏言。

5）异议具有不可辩驳的正确性。

6）客户的有意发难。

销售顾问对客户的异议选择不回答的时候，可以采取以下技巧：

1）沉默。

2）装作没听见，按自己的思路继续说下去。

3）答非所问，无形中转换话题。

4）插科打诨幽默一番，最后不了了之。

3. 与客户永不争辩

在销售洽谈过程中，销售顾问要避免与客户争论，更不允许争吵，因为争辩不是说服客户的好方法。与客户争辩，失败的永远是销售顾问，即使你占了上风，也不会给你带来任何的利益，客户只会在表面屈服，而其内心则是愤愤不平，这样，又怎么可以赢得客户呢?

在销售过程中，销售顾问要明白自己的目的不是在于明辨是非，也不是要澄清事实，而是在于达成交易，把车卖出去，这才是硬道理。所以，在与客户的洽谈过程中，销售顾问要时刻提醒自己不能与客户进行争论。

4. 维护客户的自尊

在销售过程中，汽车销售顾问要尊重客户的意见。即使客户的异议被证实是一种不符合实际的偏见，也要注意给客户留面子，保持友好的气氛。无论客户提出的意见是对是错、是深刻还是幼稚，销售顾问都要表示出对客户尊重的态度，切不可表现出轻视的态度，如不耐烦、轻蔑、走神、东张西望、绷着脸、耷拉着头等。销售顾问应该双眼正视着客户，面部略带微笑，表现出全神贯注的样子。

客户就是上帝。销售顾问要时刻提醒自己：即使客户错了，他也是对的。因为有的时候，人的感情会重于理智，如果销售顾问让客户感觉没面子，甚至是在羞辱他，那势必就会影响到双方的交易。一名优秀的销售顾问往往会善于给客户一个“台阶”，让客户恢复心理平衡，这样既可以赢得客户，也可以化解双方的矛盾，使客户在交易过程中保持愉快的心情。

7.4.2 处理客户异议的方法

处理客户异议的方法有很多种，但只有一个基本的原则，那就是：处理异议的目的是为了最终的销售，而不是为了逞一时口舌之快，或者为了表现自己。

1. 直接反驳法

这种方法就是销售顾问根据比较明显的事实与充分的理由直接否定客户异议的处理方法。理论上来讲，在销售中直接反驳客户的异议是不明智的，这种方法应该尽量避免。但是如果客户的反对意见是基于对产品的误解，销售顾问就可以采用这种方法给客户直接、明确、不容置疑的回答，迅速有效地输出与客户异议相悖的信息，但要注意的是态度一定要温和、友好，可以加大说服力度，也可以加快反馈速度，但同时又要让客户感到你的信心，从而增强客户对车辆的信心、缩短洽谈时间、提高交易效率。

直接反驳法也有不足之处，这种方法容易给客户增加心理上的压力，弄不好就会伤害客户的自尊心和自信心，不利于成交。直接反驳客户容易使气氛僵化、不友好，使客户产生敌对心理，不利于客户接纳销售顾问的意见。

直接反驳法的语言技巧举例如下：

1）注意遣词以及语言技巧。

2）态度委婉。毕竟是与客户进行正面交锋，为了避免触怒客户或者引起客户的不快，销售顾问在反驳时应该态度诚恳，面带微笑，切勿动怒责备客户。

3）对事不对人。即使客户是有意说出错误的言论，销售顾问也只能对此事做更正，切勿伤害客户的自尊。

4）对比较固执、气量狭小的客户最好不要使用这种方法，否则容易引起客户内心的抵触和反感，从而产生争执。

5）直接反驳法最好是用于回答以问句形式提出的异议或者是不明真相的揣测，切不可用于为了表达己见的声明或对事实的陈述。

2. 转折处理法

转折处理法是销售工作中常用的方法，即销售顾问根据有关事实和理由来间接否定客户的意见。使用这种方法首先要承认客户的看法有一定的道理，也就是要向客户做出一定的让步以及表达对客户的肯定，然后再讲出自己的观点和意见，以避免跟客户产生正面冲突。

人都有一个通性：不管自己有理还是没理，当自己的意见被别人直接反驳时，内心总是不痛快的，甚至会被激怒，尤其是遭到一位素昧平生的销售顾问的正面反驳。屡次正面反驳客户，会让客户恼羞成怒，就算销售顾问说得都对，也没有恶意，还是会引起客户的反感，因此，最好不要开门见山地直接提出反对的意见。销售顾问在表达不同意见的时候，尽量使用"是的……如果"的句法，这是软化不同意见的句法。用"是的"同意客户部分的意见，用"如果"这个转折词将话锋一转，对客户的异议予以否定，用以表达出销售顾问自己的观点。

案例：

客户："这辆车也太贵了，我一下子拿不出那么多钱啊！"

销售顾问："是的，我想大多数的客户和您一样也碰到过同样的问题，一次性付款压力还是比较大的。如果您采用分期付款的方式，以您的收入情况，那这种担忧就不复存在了呀！"

养成使用"是的……如果"句法来表达不同意见的习惯，你将因此受益无穷。

3. 太极法

太极法在汽车销售中，就是指汽车销售顾问直接利用客户异议中有利于促成交易的一部分因素，并对此进行加工处理，转化为自己的观点去消除客户的异议，说服客户接受产品。例如，在销售中，当客户提出不购买的异议时，销售顾问应立即回答："这正是我认为您需要购买的原因啊！"也就是销售顾问立即将客户的反对意见，直接转换成客户必须购买的原因。

客户的异议多半是具有双重属性的，它既是交易的障碍，同时也是一个交易的机会。使用太极法最大的目的就在于让销售顾问抓住客户异议中有利于促成交易的一面，同时进行处理，从而迅速地陈述它能为客户带来的利益。

在日常生活中，类似太极法的说辞也是很常见的。例如，朋友推托心情不好不想出去时，你就可能会说："就是因为心情不好，所以才要出去走走，散散心啊！"这种处理异议的方法就是太极法。

4. 以优补劣法

以优补劣法又称补偿法。具体来说就是汽车销售顾问在坦诚地承认客户所提出的问题的确存在的同时，指出客户可以从产品或者购买条件上得到实惠，使因客户所提问题造成的损失得到充分的补偿，引导客户从产品以及购买条件的优势方面来考虑问题，使客户得到心理平衡，增强购买的信心。也就是让客户产生以下两种思想：

1）产品的价值与其价格是一致的。

2）产品的优点对客户而言是很重要的，产品没有的优点对客户而言是不重要的。

当客户提出的异议有事实依据时，销售顾问应该承认并欣然接受，强力否认事实是不明智的举动，同时利用补偿法，能够有效地弥补车辆本身的弱点。要知道，十全十美的产品是不存在的。作为客户，肯定是希望产品的优点越多越好，但真正影响客户购买决策的关键点其实是不多的。

补偿法在汽车销售中是很常见的一种处理异议的方法。

案例1：

客户："这辆车的功率太小了！"

销售顾问："您说得对，这款车的功率是比较小的，但是，对于您在市区内使用，已经足够了。而且，如果功率大，油耗就会高，在如今这种油价不断上涨的形势下，买一辆油耗高的车实在是不划算啊！"

案例2：

客户："这辆车的行李箱的空间也太小了！"

销售顾问："没错，这款车的行李箱空间的确是比较小，可是它的内部空间很宽敞，坐在里面一点都不会感觉到压抑。"

案例3：

客户："这辆车的车身看起来真的不长啊！"

销售顾问："您说得对，车身的确不是很长，可是车身短能让您停车更加方便啊。如果您家里的停车位是大型的，那像这样的车，就可以同时停两辆了。"

5. 询问法

询问法就是指销售顾问在客户提出异议之后，先通过询问的方式，把握客户真正的异议点，然后再化解、处理客户的异议。

在客户的异议提出之后，销售顾问并不要急于去处理客户的反对意见，而应该先弄清楚真正影响客户购买的异议点是什么，从而对症下药。

（1）通过询问，可以把握客户真正的异议点　在销售过程中，有一句很珍贵的话，即"为什么"。销售顾问不要小看这句话，也不要过于相信自己，以为自己能明白客户为什么会这样或者为什么会那样，这些都应该让客户自己亲口说出来，那才是最为妥当的。当销售顾问在问客户为什么的时候，客户必然会做出以下反应：

① 客户肯定会反思他提出的异议是否妥当。

② 客户必须回答提出异议的理由，并说出自己内心的想法。

这样，销售顾问就能够听到客户真实的想法，并明确地把握住客户的异议，以对症下药，有足够的时间来思考如何处理客户的异议了。

（2）通过询问，可以直接化解客户的异议　客户经常会提出一些如"我要再考虑一下"、"我得回家跟我的家人商量一下"之类的异议。对于这些异议，可以用询问法有效地进行解决。客户之所以会提出"再考虑一下"的异议，是因为在销售顾问的介绍下，客户已经对车辆有了一定的了解，并产生了购买的欲望，只是心里还有些疑虑，不能马上作决定。在这时，很多销售顾问会很轻易地跟客户说："好的，我等您的消息"，然后静候佳音，这样一般都得不到好的结果。所以，最好在这个时候"趁热打铁"，提高成交的概率。

首先，礼貌地询问客户还要考虑什么，让客户把疑虑说出来，销售顾问就可以对症下药。

其次，在清楚客户心中的疑虑之后，销售顾问就要努力消除客户的异议。

最后，与客户共同解决问题。虽然到最后，购买的决策权还是掌握在客户手中，但如果销售顾问能够帮助客户解决疑虑，必定会影响客户的购买决定。

当然，询问法也有它的局限性，包括以几方面：

1）可能会引起客户的反感。一般情况下，客户提出异议都是希望销售顾问能够直接答复，或者明确地澄清。如果销售顾问不了解客户的心理，不仅没有给客户简单明了的答复，反而还用询问法反问客户，就会引起客户的反感，甚至使之产生抵触情绪。

2）可能会产生新的疑问。当客户本来就存在不少异议时，在汽车销售顾问的询问下，客户很有可能产生新的异议，阻碍销售的进行。

3）可能会造成时间的浪费。客户不可能完全说清楚产生异议的真实原因，销售顾问也没必要将客户产生异议的原因了解得十分透彻，因为不断的发问只会造成时间的浪费，结果也不会很理想。

因此，在使用询问法的时候，销售顾问要知道发问要适可而止，并且尊重客户。询问客户，只是为了明白客户拒绝购买的原因，而不是为了强迫客户购买。

6. 冷处理法

冷处理法是指销售顾问对客户所提出的异议避而不答，而这些异议都是对交易没有什么影响的，销售顾问只要面带微笑地同意客户就行了。千万不能客户一有反对意见，销售顾问就反驳或以其他方法进行处理，那样就会给客户留下你总在挑他毛病的印象。当客户抱怨你的公司或同行时，对于这类无关成交的问题，都可以不予理睬。在客户面前评论自己的企业、同行或者提及自己的个人隐私，都只会损害自己的利益。

冷处理法也存在着不足。不理睬客户的异议，会引起某些客户的不满，使客户产生反感，且有些异议与客户的购买决定关系重大，销售顾问若把握不准，对客户不予理睬，就会给交易造成阻碍，甚至失去这个客户。因此，销售顾问在使用这个方法时必须谨慎。

7.5 价格异议的处理技巧

在整个销售过程中，价格问题是一个敏感的问题，它直接关系到买卖双方的利益。所以，妥善处理好价格异议是至关重要的。买卖双方在谈价的时候，并不是一方报价就一定会得到另一方的认可。有的时候，要经过数轮讨价还价之后，才能达成交易。讨价还价在市场上是无处不见、无时不有的，大多数客户都希望在交易过程中得到尽可能多的实惠，所以他们就会习惯性地讨价还价，如“这车也太贵了吧?”“怎么贵这么多啊?”“我身上可没带那么多钱!”等。

1. 讨价还价的步骤

讨价还价成功就是达成买卖双方都同意的产品价格。总体而言，讨价还价分为三个步骤：报价、还价和让价。

（1）报价　报价可以分为两个方面：一是卖方先报价，即销售顾问先报价；二是买方先报价，即客户先报价。

对于卖方先报价来说，先报价一般可以主动扩大自己的影响，能将客户束缚在一个特定的范围之中。如果所报的价格出乎客户的意料，还可能会打乱客户的部署，减小客户的原有期望值，使议价可以根据报价的条件延续展开。但是卖方报价也有其不利之处：如果对客户的情况了解甚少，报价就会带有一定的盲目探测成分。如果销售顾问抢先报出的价格低于客户最初设想的标准，他们就会立刻修改原有报价，从而获得比预期高的利益。而且，销售顾问先报价，还有可能使客户使用一切手段来对报价发起进攻，迫使销售顾问一步步降价，而客户到底打算给出什么价格还丝毫未显露。

谈判中有一句话：先开口的是奴隶，后开口的是上帝。这句话就是说在讨价还价的时候，比客户后报价才能掌握谈判的主动权。首先，让客户先报价可以使销售顾问处在探测客户合理价格的有利位置上，特别是当客户明显处于弱势或者缺乏谈判经验，以及对汽车价格动态不是很了解的时候，把客户的价格同报出的价格相比较，就可以发现双方谈判立场的差距，从而迅速调整自己的报价策略。其次，让客户先报价，有时还会有意外惊喜：对方给了你一个比你愿意成交的条件还要好得多的条件。再次，让客户先报价可以让客户难以预测卖方的利润厚度，而销售顾问也可以通过报价来观察客户，扩展自己的思路与视野。当然，让客户先报价也有其不利之处，即销售顾问失去了报价的主动权，使自己跟着客户的指挥棒走。

因此，在销售过程中，销售顾问要视具体情况决定到底是自己先报价还是让客户先报价。报价的时机见表7-3。

表7-3　报价的时机

销售顾问抢先报价，抢得先机	销售顾问对本次价格谈判准备得很充分，且对客户的情况了解得比较透彻 在激烈冲突的谈判场合中 客户是外行人，销售顾问无论是内行人还是外行人，都应该先报价
销售顾问后报价，以静制动	销售顾问对谈判了解不足，行情不熟 客户是内行人
先后报价都无妨	在高度合作的谈判场合中 客户和销售顾问都是内行人

（2）还价　与报价相比，还价是更有力度的磋商形式。还价的主动权掌握在销售顾问手中，这更有利于把价格讨论拉回到卖方的立场上来。

销售顾问应该明白，一般情况下，客户不会无条件地完全接受报价的内容，要经过反反复复的还价才能使双方达成一致的价格协议，在还价的过程中如果有一点不融洽，都有可能使前面的工作前功尽弃。为了保证还价的成功，销售顾问要注意以下几点：

1）认真倾听客户的报价。在客户报价的时候，销售顾问一定要认真倾听，并完整、准确地把握客户报价的内容，对于不清楚的地方，销售顾问要及时请客户予以回答；同时，根据自己对报价的理解，对报价进行归纳和总结，并复述给客户，请客户确认无误。

2）切勿直接答应客户的报价。无论客户第一次出价多少，一定都要拒绝。如果销售顾问答应了客户第一次出价的话，客户根本不会产生快速取得胜利的成就感，也不会感激你的爽快。相反，客户不仅会认为销售顾问所报出的价格太虚假了，而且会认为自己第一次的出价太高了，萌生吃亏的感觉。

通常情况下人们都会认为，除非是自己出价太低，否则卖方是不会这么痛快就答应的。在客户眼里，商家永远都是追求利润的，绝对不会做赔本的生意。更让人不解的是，客户往往会因为你给他降价而怀疑产品的实际价值和标价是否对等，如果十分顺利地获得降价，他们会想着可不可以获得更多的折扣。所以，无论客户给的价格多么符合你的谈判目标，销售顾问都应该给一个回价，这样既可以使销售顾问获得更大的利润空间，也可以给客户留有讨价还价的空间。

（3）让价　让价是双方达成有效协议必不可少的步骤。当销售顾问确定客户在极力争取降价，并且表现出特别喜欢销售顾问所介绍的车辆或者显得很急迫的时候，一般情况下，这就表示已经到了成交的边缘，只要适当地进行让价，客户就会马上成交。那么，在实际工作中，又该如何让价？让多少？什么时候让呢？可以说，让价的本身就是一种策略，它体现的是销售顾问用主动满足客户需要的方式来换取自己需要得到满足的实质。所以，销售顾问要注意把握以下一些让价的原则：

1）不要无条件地接受客户的首次让价，也不要一开始就在重要议题上让步，以免使自己处于危险当中。

2）不要作有损公司及个人利益的让价。

3）让价的幅度应该越来越小，以免客户会“得寸进尺”。

4）尽量不要让客户产生太大的心理预期，要使客户对每一次的让价都费点劲，那样，客户才会珍惜。

2. 讨价还价的原则

既然已经到了讨价还价的阶段，也就表示已经到了销售的关键时期，客户已经有了相当的诚意来购买。因此，在议价这个环节中，销售顾问必须严格遵循讨价还价的原则，这样才不至于在谈判中迷失方向。

（1）非谈不可才谈　这是指在除了价格问题之外，客户对车辆已经完全满意，只要价格谈妥就可以马上签单时，销售顾问才可以跟客户谈价格。否则，在经过一番讨价还价，把价格问题处理完之后，客户还对车辆有不满而迟迟不下定决心购买，那之前做的所有工作就全都白费了。

（2）心平气和地谈　在讨价还价的过程中，买卖双方容易产生感情冲突，一不小心就会演变成个人冲突，达成交易就此成为不可能。所以，销售顾问在与客户讨价还价的时候，一定要保持心平气和的态度，这除了对销售顾问的个人修养有要求之外，还要求销售顾问在接待客户之前要有充分的准备，分析在洽谈过程中可能会发生的种种情况，制定好应对措施，心中有数才会在千变万化的形势面前，从容镇定、心平气和地据理力争。

一般情况下，较为理想的讨价还价应具有以下特征：

1）谈话内容范围要广，使得双方都有回旋的余地。

2）是双方观点的冲突而不是双方人员的冲突。

3）诚心诚意与客户共同探讨解决问题的方法。

（3）速战速决　在讨价还价的过程中，销售顾问不要表现得过于急躁，而应该从容不迫，充满耐心，不要表现得过于恋战，也不要表现得过于热心或者强求。过长的洽谈时间只会降低客户的购买欲望，因为客户的购买欲望往往只能维持较短的时间。销售顾问应该从容不迫地跟客户进行洽谈，但是，如果销售顾问在很短的时间内能够准确地进行判断，并提出最理想的交易条件，就可以趁客户在没有任何防备时，进行迅速的猛击，获得最大的利益。

（4）不要让客户觉得没面子　前文讲了处理客户异议的原则，其中有一条就是要维护客户的自尊，给客户面子，销售顾问要记住：“是个人就都爱面子。”当一个人受到威胁的时候，往往就会像刺猬一样充满敌意，所以，在销售洽谈的过程中，销售顾问千万不能做有损客户颜面的事情。在阐述自己的真实意图的时候，销售顾问可以选择用“根据我的了解”、“我觉得”、“是不是可以这样”等委婉的说法来进行阐述，这样的态度才可以使原本僵持的谈判气氛变得融洽。

在客户提出“这也太贵了吧!”之类的价格异议时，销售顾问千万不能对客户说“这还贵啊？那还有更贵的呢!”这样的话语。有些销售顾问在遇到此类的价格异议时，或不满于客户的犹豫，或者想用激将法刺激客户，就会和客户说：“这个不算贵，还有更贵的。”这些销售顾问不知道这样的一句话已经严重伤害到了客户的自尊，从客户的角度来看，这是对他消费能力的怀疑，是对他人格的侮辱。

3. 妥善处理价格异议的方法

在销售过程中，价格异议是最为常见的一种客户异议。下面介绍几种关于妥善处理客户价格异议的方法。

（1）迟缓法　所谓迟缓法，就是指延缓对价格的讨论。讨论价格是销售的最后一关，支付能力与支付意愿之间是有差异性的，购买意愿没有形成之前，谈价格是没有意义的。没有购买欲望，就没有价格谈判的必要。

案例1：

客户：“这款车卖多少钱?”

销售顾问：“王先生，您先别急着问价钱，先看看这款车符不符合您的要求再说，主要是看您喜不喜欢，您说呢?”

案例2：

客户：“这辆车看上去还不错，要多少钱?”

销售顾问：“价格是最精彩的一部分，您先了解一下车辆的性能，看看是不是能满足您的要求。”

客户：“那你就先给我介绍一下吧!”

销售顾问：“好的。”

以上案例讲的就是销售顾问的一招“缓兵之计”。销售顾问在客户还没有完全了解车辆之前，不要同客户谈论价格，而是应该引导客户，向客户全面介绍车辆以及车辆的价值，让客户充分地肯定销售顾问所介绍的车辆，认识到它的优点和价值，这样销售顾问才能占据有利的谈判地位。

（2）说理比较法　下面列举一个采用说理比较法进行销售的例子：

案例：

客户：“同样是这款车，××4S店比你们便宜多了!”

销售顾问：“不会吧？这个品牌一向规定不准打折的，因为它在质量上从不打折，所以，很难在价格上打折，如果这样做，很容易影响我们的品牌和专卖店在客户心中的地位哦!”

客户：“我是刚从××4S店那边过来的，那边的销售顾问说如果马上可以确定下来的话，可以12万元卖给我。同样的品牌，同样的型号，你们却贵了3000多元呢!”

销售顾问：看来您是有备而来的呀！您知道我们为什么在价格方面比××4S店贵了3000元吗？因为在我们这里买车会赠送一年的年检、一年免费洗车服务以及一年的免费保养，这些服务的价值已经超过6000元了，而且每一项都是在买车后必须用到的。他们的车子是便宜3000元，但据我所知，他们是(没有)任何赠送的，总的算来，我们还是比他们更优惠的，不知道那边的销售顾问有没有跟您讲清楚呢？

客户："原来是这样啊，那可能是我没问清楚。"

这就是"说理比较法"的常见方式，其目的就在于利用其他类型产品的价格状况来说明不同店面、不同品牌以及不同型号产品的价格不同，但是，销售顾问要注意，不可以随便比较一些没有可比性的产品。

(3) 价格分摊法　对于汽车这种大宗的消费品来说，把总体的价格告诉客户，虽然客户一般都是有了心理准备才过来看车的，但是乍一听起来还是一笔很大的数目。其实，销售顾问可以将车辆的价格分摊到每年、每月、每日当中，算给客户听，这样，尽管车辆的价格没变，但却不会使客户觉得那么突兀。

案例：

客户："9万元？这款车也太贵了吧？"

销售顾问："王先生，您说得没错，对于咱们普通老百姓来讲，现在汽车还属于高档消费品。但是，汽车跟其他的日用品不同，不会用一两个月或者一两年就坏了，何况您又不需要跑长途，这样，这款车用个十年八年都不成问题啊。现在咱们不说10年，就以6年来算，那您每年也只要花15000元，每天50块钱，就可以有一辆属于自己的车，过上有车一族的生活了。相反，如果没有车，像您这样做生意的，每天花在交通上的费用应该也要一两百块钱吧？"

客户："好像挺有道理的啊！"

(4) 转移比较法　下面列举一个采用转移比较法进行销售的例子：

案例：

客户："这车还不错，就是太贵了！"

销售顾问："王先生，您要想想，您买一套房子要多少钱呢？至少也要七八十万元吧？汽车是个耐用品，它不会在一两个月或者一两年之后就不能用了，这款车才卖12万元，您还会觉得贵吗？就跟您身上这件名牌西装一样，如果我现在是做服装生意的，我为您推荐一款很便宜的衬衫，像您这种有身份的人，我想您也肯定是不会要的，这跟车子是一样的道理，您觉得我说得对吗？"

这就是转移比较法，它跟说理比较法不同，说理比较法是设法让客户相信车辆的价格与价值是相符的，而转移比较法是设法让客户觉得销售顾问所推荐的车辆并不昂贵。

(5) 攻心法　下面列举一个采用攻心法进行销售的例子。

案例：

客户："打了电话，怎么样？你们经理同意便宜3000元了吗？

销售顾问："张先生，真的对不起！我都已经跟经理讲您是我的好朋友了，可经理说最多也只能少1000元钱，还责备我怎么老记不住最低价！"

这就是攻心法，它能让客户觉得销售顾问确实是在为他着想，确实是在为他争取最大的利益，这样，客户是不会让销售顾问为难的。

(6) 人质法　下面列举一个采用人质法进行销售的例子：

案例：

客户："那好，就这么定了，15.9万元，我下个星期过来签合同。"

销售顾问："王先生，不瞒您说，这款车卖得很好，而且您说要白色的，现在我们库存只有一辆白色的了，您下个星期来的话，我真的不能保证会不会被别的客户先买了。”

客户：“可是我今天也取不出这么多钱啊!”

销售顾问：“这样吧，您先交一些定金，我就可以为您留着车了，您看这样行吗?

客户：“那我先交3000元定金吧!”

对于这种已经谈好价钱可是又不能马上签约的情况，采用的最适合的方法就是人质法，这样就可以促使客户迅速做出购买决定。有的时候客户会提出：“今天我没带这么多钱，过两天我再来买吧”，这并不代表客户一定会再来展厅，客户很有可能是看了其他品牌的车型而放弃了购买，为此，最稳妥的办法就是在客户有购买欲望的时候促使其购买。另外，还有可能就是客户以此为借口，要销售顾问降价，这时，销售顾问尽量不要妥协，而是要采取一些为客户解决眼前困难的方法使客户放弃要求降价的念头。

(7) 隔离法　下面列举一个采用隔离法进行销售的例子：

案例：

客户：“这款车确实不错，就是这个价格，我接受不了。”

销售顾问：“王先生，您真是眼光独到，您看中的是我们这里性价比最高的一款车！您看它的外形很时尚，‘太空舱’式的设计使风阻系数仅为0.308，配备2.0L的发动机，百公里油耗仅为6.6L，达到了国4排放标准。值得一提的是，它的周身遍布高科技的智能网络，中央固定集控式转向盘、随动转向双氙气前照灯，博世最高版本ESP及全系标配的定速巡航和限速器，使得驾驶更轻松、更安全。与其去买一辆价格稍便宜，可安全性、操控性都不怎么样的车，不如买这台如此完美的、才需14.98万元的车，这简直就是物超所值了，您说呢?”

客户：“你说的也对啊!”

这就是隔离法，当客户提到这个价格他不能接受或者他不愿意支付的时候，销售顾问就得学会让客户明白产品的价值是远远超越价格的，要让客户了解到价格与价值之间还有一定的差异性。

(8)“三明治”法　下面列举一个采用“三明治”法进行销售的例子：

案例：

客户：“不是吧? ××车才30万元不到呢！这个就要38万元?”

销售顾问：“王先生，您说的没错！不过，我想请教您一个问题，您在外面出差的时候，是住三星级酒店还是五星级酒店呢?”

客户：“肯定住五星级宾馆啊！三星级宾馆住起来不舒服!”

销售顾问：“这就对了，其实，价格的高低是相对而言的，就像五星级酒店的价格绝对会比三星级酒店的价格高，因为五星级酒店和三星级酒店相比，在硬件和服务方面都相差好几个档次。同样的道理，开我们的车跟开××车的感觉肯定是不一样的，否则就不会有那么多老板买我们的车了。”

这就是“三明治”法，就是将价值添加附加值，说明车的价格高是有道理的。并借此为客户说明价格和价值之间必然存在着差异性。

价格上的交锋是每一个销售顾问都必须面对的考验，天下几乎没有不议价的买卖。销售顾问扮演着协调客户需求与公司利益的中间人，但是，销售顾问要明确，既然作为中间人，在价格上应该以要求客户让步为主要的思考途径，而不是向经理要求降价为主要的行为。在最后这个关键时刻才是真正考验销售顾问的时候，在最后议价的压力下，销售顾问如果可以熟练地利用建立起的关系，将沟通技能提高一个档次，就有可能最终达成交易。

4. 处理价格异议的实战技巧

讨价还价是汽车销售中一项重要的内容，一个优秀的销售顾问不仅要掌握讨价还价的原则、方法，还要学会熟练地运用讨价还价的策略以及技巧，这是促成交易的保证。处理价格异议的实战技巧如下。

① 确认客户喜欢的车型，这是讨价还价的前提条件。

② 站在客户的角度，使客户认为你时刻都在为客户着想、在帮客户说话，让客户觉得欠你一份人情，加强客户对你的信任，这样客户就不会为难你。

③ 当客户的出价低于底价的时候，要以强烈的态度来反击，让客户认为自己的开价的确很离谱。

④ 当客户出价高于底价的时候，同样也要表现出不能答应的态度，除非你认为客户的出价已经是能够达成交易的最高价格了，并且一答应就能马上成交。

⑤ 回绝客户的出价之后，销售顾问可以再次强调产品的优点，以此来打消客户要讨价还价的念头。

⑥ 销售顾问每一次的让价幅度应尽可能小。不管销售顾问准备给客户的优惠幅度有多大，都要尽量按计划分几次退让，绝对不可以一次退到底。通常情况下，让价越爽快，退订率就会越高。一般来说，第一次让价的幅度可以较大，以博得客户的好感，若客户仍不满足，就再作小幅度的让步，以向客户表明态度：我们的让步都是有限的，已经无法再退了！但是要注意的是，第一次的幅度大只是相对于后几次降价而言的，让价幅度过大，反而会引起客户的疑虑。

⑦ 在答应给客户优惠价的时候，销售顾问可以装得神秘一点，把声音放低，并要求客户保密："王先生，您可不能让别的客户知道啦，不然我们就没法做下去了！"

⑧ 为避免客户产生预期心理，不要轻易向客户承诺，实在不行，可以采用"我无权决定"的策略，但是也不能明确地向客户说明是销售经理在作决策，应该说是一个委员会来决定车辆的价格的，是市场供需的关系来决定价格的，总之，后台越虚、人数越多，客户能够直接找上门的可能就越小。

⑨ 不要轻信客户的假情报、假资料(客户有时候会批评车辆或者制造假情报来打击销售顾问,以达到压低价格的目的)。

⑩ 客户有任何借口要离开时，销售顾问一定要留一句话："这个价格就是今天可以给的，如果您不订，下次还要再与我们老板商量，就不容易了。不过，如果您信得过我，我会再次给您争取的。"

⑪ 绝对不可以作无理由的降价。销售顾问应该表现出让价只是因为对客户赞赏，并适时地提出让客户帮忙推介，带来新客户的请求。

⑫ 议价成交时，一定要让客户觉得他已经拿到了最低价，以此来满足客户的成就感。

第8章　时机成熟促成交易

学习目标：

- 了解成交的主要障碍及其克服的方法。
- 掌握成交过程中的成交信号。
- 掌握成交的策略与技巧。
- 了解交车应做的准备。
- 掌握交车的步骤及其注意事项。

8.1　成交的主要障碍及其克服的方法

情景案例引导：

“临门一脚”与促成交易

我们在看足球的时候，经常会听到解说员在惋惜：“哎呀，太可惜了！这个球本来能进的，雷科巴应该选择射门，他的角度很好，而不应选择传球给阿德里亚诺……”

在销售中，所谓的“促成交易”其实就如同足球比赛中的“临门一脚”，有了机会就一定要选择“射门”（销售中的“建议成交”），而不是选择继续“传球”（在销售中就是“继续洽谈”）。当然，“射门”（建议成交）是一回事，能不能“进球”（达成交易）就又是另外一回事了，这关键要看“射门”（建议成交）的时机是否恰当，“射门者”（汽车销售顾问）的射术（成交技巧）是否精准，以及对方“守门员”（客户）的扑救本领了。但是，也要明白，如果没有射门（建议成交），就肯定没有进球（达成交易）的机会。

是的，没有促成就没有交易，而销售的目的在于赢得交易的成功。也就是说，达成交易是销售顾问的根本目标，如果不能达成交易，整个的销售活动就是失败的。

在销售过程中，成交是一个独特的阶段，它是整个销售工作的最终目标，而其他的销售阶段都只是为达到这一目标而使用的手段。成交是整个销售工作的核心，其他各项工作都是围绕这个核心而进行的。只有到了成交的阶段，客户才会决定是否购买。

相信很多汽车销售顾问都遇到过这样一种情况：交易谈得很顺利，但是最终没有成交。某公司专门针对成交失败的原因进行了一项市场调查，在调查结果中得知：大多数的人员在洽谈过程中谈得很顺利，但是因为客户没有提出要成交，就这样，什么也没能发生。是的，很多汽车销售顾问都是在临近成功的一刹那临阵退缩了，他们被动地等客户提出成交申请，结果也只是被动地接受成交失败的结果。

不提出成交的要求，就等于已经瞄准了目标却没有扣动扳机。没有要求就没有成交。在这个时候，如果你能够前进一步、能够再接再厉、能够有礼貌地对客户说："我给您开单吧!"那么，销售才有可能会达到令你满意的结果。所以汽车销售顾问要明白自己的目的，并且记住没有促成就没有交易。

在销售过程中，阻碍成交的障碍是多种多样的，但是，汽车销售顾问自身的心理障碍绝对是一个相当重要的因素。

8.1.1 害怕被拒绝心理及其克服的方法

1. 害怕被拒绝

害怕被拒绝是很多销售顾问不敢主动提出成交请求的一个最主要的心理障碍。因为他们害怕在提出成交请求之后会遭到客户的拒绝从而影响原本良好的洽谈气氛。还有一些新入行的汽车销售顾问甚至会对提出成交要求感到难为情。

一般在销售顾问提出成交请求之后，客户会提出以下几种拒绝方式：

① 我还要再考虑一下。

② 我想再比较一下这两个品牌的车子。

③ 这车太贵了。

④ 我得回去跟我家里人商量一下。

⑤ 我现在还不需要车。

⑥ 一个月后再与我联系。

有时候，这是客户真正的拒绝原因，但在多数情况下，这只是客户的一种托词。那么，什么才是真正的拒绝原因？客户一般不会直接拒绝你，在多数情况下，客户都会说"我要考虑一下"或者告诉你他会在决定好之后再告诉你，但是实际上他们是以这种方式来表示他们不愿意购买。

以下是客户真正的拒绝原因

① 没钱。

② 有钱，但是不愿意来买车。

③ 拿不到贷款。

④ 自己并不是唯一的决策人。

⑤ 没有支配预算的权力，或者必须征得他人的同意。

⑥ 觉得自己可以在别的地方(亲人、朋友或关系户)获得更优惠的价格。

⑦ 想到别的品牌4S店看看。

⑧ 当时正忙于其他一些更重要的事情。

⑨ 目前还不需要买车。

⑩ 认为你的车太贵了。

⑪ 对车型不喜欢或者不信任。

⑫ 对公司品牌不喜欢或者不信任。

⑬ 对销售顾问不喜欢或者不信任。

总的来讲，客户拒绝的原因有以下三点：

① 客户心中还存在疑虑或者还有尚未得到解答的问题，这些情况有时候是销售顾问造

成的。

② 客户虽然有意购买，但还需要进一步进行确认，希望得到更优惠的价格或者需要第三方的批准。

③ 客户并不想购买。

只要不是客户真正的拒绝原因，销售顾问就一定可以处理好这些拒绝。而处理这些拒绝的关键就在于以下几点：

① 销售顾问对销售技巧的了解。

② 销售顾问对车辆的了解。

③ 销售顾问对客户的了解。

④ 销售顾问与客户之间的关系。

⑤ 销售顾问的创造性。

⑥ 销售顾问的心态。

⑦ 销售顾问帮助客户的诚意。

⑧ 销售顾问的坚持。

2. 克服害怕被拒绝心理的方法

1）认真倾听客户提出的拒绝的原因。销售顾问首先必须做的就是确认客户提出的拒绝是不是真正的拒绝。通常情况下，如果是真正的拒绝，客户都会反复地强调，这个时候，销售顾问要让客户将拒绝的原因完整地讲出来。无论如何，都要对客户的意见表示赞同。如果是客户的缓兵之计，销售顾问就必须让客户讲出拒绝的真正原因，不然你的工作就不会有进展。下列话术有助于销售顾问消除疑虑：

① 您真正的意思是……吗？

② 您告诉我……但是我觉得可能还有其他意思。

③ 根据我的经验，客户如果这样说，一般情况下就意味着他们对价格不太满意。那您的情况呢？

2）确定这是不是客户拒绝的唯一原因。销售顾问可以直接询问客户其所提出的原因是不是拒绝的唯一原因，如果不是，销售顾问要继续询问还有哪些原因。

3）再次确认。销售顾问要重新组织自己的问题，然后用不同的方式提出相同的问题，如“也就是，如果不是因为……您会选择我们的服务，王先生，对吗？”

4）确定拒绝，发起成交攻势。例如，销售顾问提出包含解决方案的问题：“那么，如果我能满足您之前提出的条件，您就可以决定了，是吗？”

5）以提供完全的解决方案的方式回答问题，并设法让客户回答“是”。这个步骤要求销售顾问忘掉车辆的价格，利用说明成本、展示价值、列出对比、表述利益等方式回答客户的问题，如果销售顾问不能以一种与众不同的方式回答客户的问题，那么销售顾问也就无法实现本次的交易，甚至任何一次。在这个步骤中，销售顾问需要全面动用自己的知识储备、创造性、销售工具，并展现自己的信念、对车辆和公司的信心以及销售顾问的交流表达能力，把技巧、承诺、诚意和信念融合起来，只有这样，才能赢得客户的赞同。

只有销售顾问能够从容地处理好一个个的拒绝之后，才不会害怕客户提出拒绝。以下是一些有用的关于处理客户的拒绝的经验。

① 销售从客户说“不”开始。

② 如果销售顾问能够将“不”变为“是”，那你的交易就成功了。

③ 在每个人的一生中，都会听到超过 116000 次的“不”。

④ 作为一名汽车销售顾问，你要做的就是将这其中的 500 个“不”变成“是”。

⑤ 不要把客户的“不”看做是最终的回答。

8.1.2 等待客户先开口及其克服的方法

1. 等待客户先开口

有一些汽车销售顾问认为，如果客户真的要购买，那么他们就会自己主动提出成交申请，这样他们就可以占据主动的地位，因此，这些销售顾问迟迟不敢建议客户成交，一直等着客户先开口申请成交。

其实，这是销售顾问的一种错觉。绝大多数的客户都在等待销售顾问首先提出成交的要求。即使客户主动购买，如果销售顾问不主动提出成交的要求的话，交易也是很难达成的。

2. 克服方法

销售顾问如果不知道如何促成交易，那么一切都只是空中楼阁。在这个即将成交的最后时刻，为了促成交易，销售顾问必须先开口提出成交的要求。很多销售顾问之所以没有达成交易，最大的原因就在于他们不知道应该在什么时候、用什么方式来提出成交要求。

提出以确认成交为答案的问题。在问完这个至关重要的问题之后，销售顾问一定要谨记一条销售规则：保持沉默，言多必失。销售顾问所构思的这个成交问题必须是针对客户需求的。还有一条重要的指导原则：不给客户回答“不”的机会。虽然也有可能无法得到你想要的“是”，但是你却可以通过之后的对话最终达到“是”。以下是一些成交问题供读者参考：

① 您是选择用现金支付还是刷卡呢?

② 您说您要深颜色的车，那您是要黑色还是要深灰色呢?

③ 王先生表示他 15 天之内一定要购买一辆白色的 1.6L 的科鲁兹，但没说在哪里购买，这时销售顾问就可以说：“王先生，我们的车源已经在路上了，正好有一辆白色的 1.6L 的科鲁兹，一个星期之内就可以到店了，那我就给您订下一辆白色的科鲁兹了，您看行吗?”这是一个有效的成交问题，虽然给了客户说“不”的机会，但客户基本上不会这么做。〔注意:提出这种问题时,销售顾问必须确定自己已经了解客户的兴趣所在,而且客户已经有了明显的购买信号。〕

让客户自己来决定，但是不要让“不”成为客户的选择。

8.1.3 放弃继续努力及其克服的方法

1. 放弃继续努力

很多汽车销售顾问在遭到客户的一次拒绝之后，就认为整个销售工作已经失败了，从而放弃继续努力。没有拒绝的销售就不是销售。在销售过程中，销售顾问肯定是要经常遭到客户的拒绝的，否则，销售就太容易了。一次的拒绝并不代表整个销售工作的失败，销售顾问完全可以通过反复的努力来促成最后的交易。

2. 克服方法

其实这里讲的销售顾问的三个心理障碍都是围绕着“害怕遭到客户的拒绝”而形成的

三种不同的情况。销售顾问认为遭到客户的第一次拒绝之后，销售就失败了，这是错误的想法。研究表明，销售顾问每达成一次交易，至少要遭到客户的六次拒绝。销售顾问要矫正自己的观点，只要销售顾问坚持，反复进行努力，全面掌握客户的信息，就很有可能达成交易。

8.2 汽车销售成交时机的把握

谁都知道时机的重要性，晚一秒，也许车祸就不会发生，早一秒，也许那决胜的球就进了，而在实际的汽车销售过程中，很多销售顾问却不懂得如何去把握时机，或者，他们根本就没有发现时机的到来，以至于与成功失之交臂。销售行业里没有最好的成交方法，只有最好的成交时机。有的汽车销售顾问以为能够同客户搭上话就是成功了，甚至以能跟客户天南地北地聊天为荣。但聊是聊了，可能客户还开心地笑了，你也给他留下了一个比较亲和的印象，但却没有任何主题，或者有主题也不敢挑明，该趁热打铁敲定的事情没有落实，只好寄希望于下次再来谈，可是最后真正达成交易的是少之又少的，只能坐失良机。那么，什么时候才是成交的最佳时机呢？

客户会在什么时候购买？销售顾问只要集中注意力，就可以发现客户的成交信号。所谓成交信号是指客户在表情、语言、行为等方面所表露出来的打算购买产品的一切暗示或提示。客户在有购买欲望的时候，往往就会发出这些成交信号。有时候，这种信号是客户在潜意识下发出的，客户自己也没有发现或者他不愿意承认自己已经被销售顾问说服了，可是客户的表情、语言以及行为都有可能告诉你：“我们可以成交了！”

在销售过程中，识别客户的成交信号是走向成交的第一步，只有识别了客户的这些成交信号才能将其转变为实际的销售。

1. 表情信号

表情信号是从客户面部表情中所体现出来的一种成交信号。

以下都属于客户要成交的表情信号：

① 客户的面部表情由冷漠、怀疑、拒绝变为热情、亲切、轻松自然。

② 眼睛转动由慢变快、眼神发亮而有神采，从若有所思变为明朗轻松。

③ 客户在洽谈中面带微笑表示同意销售顾问的意见。

④ 嘴唇开始抿紧，好像在权衡得失。

⑤ 当汽车销售顾问说明有关细节和付款方式的时候，客户显出很认真的表情。

⑥ 向他的同伴使眼色，彼此相互对望，或者眼神中传递着“你觉得怎么样”的神情。

2. 语言信号

语言信号是指客户通过询问价格、使用方法、保养方法、使用注意事项、售后服务、提车时间、提车手续、支付方式、新旧产品比较、竞争车型、市场评价，说出“喜欢”或者“的确能解决我这个困扰”等表露出来的成交信号。

以下都属于客户要成交的语言信号：

① 客户对产品或者销售顾问的介绍表示积极的肯定与赞扬时。

② 客户经过反复比较挑选后，话题集中在某款车型时。

③ 客户开始征求同伴意见，与同伴低语商量时。

④ 客户开始询问提车时间以及付款方式时。

⑤ 客户对目前没车的生活表示不满时。

⑥ 专心聆听、寡言少语的客户仔细询问付款以及细节时。

⑦ 反复提出已经答复过的或者已经弄清楚的问题(如产品的特点、使用方法和价格等)时。

⑧ 客户声称认识公司的某个人，或者是经过某个熟人的介绍时。

⑨ 进一步压低价格，当出价合理时，仍然坚持压价。

⑩ 提出附加条件时，如“还有其他优惠吗？有没有赠送装饰啊?”

⑪ 客户开始询问售后服务、保养里程、维修地点等事项时。

⑫ 客户要求销售顾问做出保证时，如“买了你们的车，出了故障怎么办?”。

⑬ 客户询问团购是否可以优惠时，这是客户在变相地探明商品的价格底线。

⑭ 客户使用与购买相关的假设句型时，如“如果我一次性付款，能有优惠吗?”

⑮ 客户将销售顾问提出的交易条件与竞争对手的交易条件作对比时。

语言信号的种类有很多，销售顾问必须具体情况具体分析，以准确捕捉客户要成交的语言信号，顺利促成交易。

3. 行为信号

人们经常会有意无意地从动作行为上透露出一些对成交比较有价值的信息，当有以下信号产生的时候，销售顾问就要立即抓住良机，勇敢、果断地去试探、引导客户签单：

① 反复翻阅车辆的彩页广告等。

② 查看或者询问合同条款。

③ 特别关注销售顾问的动作、谈话，并不断点头表示赞同。

④ 离店以后又再次返回。

⑤ 认真地查看车辆是否有瑕疵。

⑥ 姿态由前倾变为后仰，身体和语言都显得轻松。

⑦ 靠在椅子上，左顾右盼，突然双眼直视销售顾问。

⑧ 给销售顾问倒水、递香烟等以表示对销售顾问的友好。

⑨ 突然用手轻声敲桌子或身体某部分，以帮助自己集中思路，最后定夺。

⑩ 擦脸拢发或者做一些别的放松舒展的动作。

客户的行为表现使销售顾问可以发现许多客户发出的成交信号，因此想成为一名出色的销售顾问，就应该尽力使客户成为一位参与者，而不是一位旁观者。这样，通过细心的观察，销售顾问就可以很容易地发现成交信号。例如，当客户在车辆前流连忘返，或者来回看过几次的时候，就说明客户已经对该车型产生了很大的兴趣，只要及时解决客户的疑问，成交也就顺理成章了。

8.3　销售成交的策略与技巧

一旦发现了客户的购买信号，销售顾问就要及时、主动地建议客户成交，而不能苦苦等待客户开口提出成交申请。在此期间，如果销售顾问有一点点的犹豫，客户都有可能说服自己不购买，或是动摇了原本已经被销售顾问调动起来的购买决心。当然，销售顾问建议客户成交也要讲究一定的策略与技巧。

8.3.1 汽车销售成交的策略

1. 建议成交前的准备

当销售顾问发现客户在思想上已经基本接受了销售顾问所介绍的车辆以及销售顾问的服务，也就是当客户发出成交信号时，销售顾问就应该考虑是否可以建议客户成交了。当然，在销售顾问准备提出成交建议之前，应该做好以下的工作：

1）确定客户所中意的车型。只有确定了客户所喜欢的车型，才能发起最后的建议成交攻势。

2）停止介绍其他车型。既然客户已经对所介绍的车型很感兴趣了，那么销售顾问就没有必要再为客户介绍其他车型了，因为这样不仅会使客户的注意力分散，还会使客户的购买兴趣转移，游移不定。

3）确认客户提出的以及没有提出的异议已经得到了解决。只有客户对车型已经基本上满意了，销售顾问才可以建议客户成交，所以，在提出成交建议之前，销售顾问一定要确定客户的异议已经得到了解决。

2. 引导客户作决定

销售顾问不可能等待客户无休止地犹豫下去，所以，如果客户没有什么主见或者摇摆不定，销售顾问就可以大胆地建议客户购买，以结束销售。通常情况下，销售顾问可以使用以下两个句型："我觉得……" 和 "我建议……"。

例如，客户在不知道买什么颜色的时候，销售顾问就可以说："我觉得橙色好一些，比较时尚，很适合您这样的时尚达人。"

有的时候，客户也会请销售顾问帮忙选择，在这个时候，销售顾问就千万不要觉得不好意思了，而应该愉快地接受客户的请求，尽心尽力地为客户作好参谋，根据客户的需求以及各款车的实际情况，大胆、果断地帮助客户挑选。客户提出要销售顾问帮忙挑选是对销售顾问的一种信任，销售顾问应该抓住客户的这一心理，将客户对销售顾问的信任转移到商品上来。

但销售顾问也要注意：不能替客户承担决策的责任。不能说"我包您满意"、"信我的，准没错"这样绝对化的话语。否则，万一客户在销售顾问的劝说之下买了车，可是在使用过程中并没有觉得像销售顾问说的那么好，甚至觉得不好，那么客户就会把责任推到销售顾问身上，认为销售顾问故意骗了他。

因此，销售顾问在帮客户作决定的时候，应该说"我建议……"、"如果我是您的话，我会……"，应以一种建议的口吻去帮助客户作决定。

3. 经常性地建议成交

在销售过程中，销售顾问要经常性地向客户提出成交要求，而不是等客户完全满意了、没有任何异议了才向客户提出成交请求，否则就会错失良机。一般来说，在下列情况下，销售顾问就可以提出成交要求了：

（1）在讲完每一个销售重点后 一位资深的销售顾问曾总结出了一套"三步成交法"：

第一步：向客户介绍产品的一个优点。

第二步：征求客户对这个优点的认同。

第三步：当客户同意产品具有这一优点的时候就建议客户成交。

这个“三步成交法”就是说，在销售顾问介绍完车辆的一个卖点或者车辆的一个优点之后，要适时地建议客户成交。如果客户同意成交，那么销售顾问就成功了；即使客户暂时还未同意成交，销售顾问也可以借此确认自己所介绍的车型亮点是否就是客户所关注的利益点，并进一步探寻客户不能成交的原因所在。否则，很有可能销售顾问在忙碌了几个小时之后，才发现客户对自己介绍的车型亮点一点兴趣也没有，这不仅浪费了销售顾问的时间、客户的时间，而且，销售顾问还会因为客户不感兴趣而讲得越多、越深入，客户也就有可能提出很多异议，这会给销售顾问的工作设置很多障碍。

（2）在重大异议解决之后　重大异议一般是客户决定购买的主要障碍，如果异议得到了解决，那就代表客户已经承认了车辆的价值，也就是说他的购买障碍可能已经被扫除了。既然如此，销售顾问就可以立即建议客户成交，使用恰当的语气说：“您看，现在基本上没有什么问题了，那我们就这么定下来吧！”

8.3.2 汽车销售成交的技巧

建议成交只是“射门”，而我们现在不仅要“射门”，还要力求“进球”，也就是达成交易。射门，有多种方式可供选择，如头球、正射、侧射、抽射和倒射（倒挂金钩）等，其实，在实战中，还可以选择射滚地球、射小门和传球式射门等。只有选用最适当的方式，才能保证进球。所以，在销售中，销售顾问也要掌握并运用一些技巧，这样才能够提高射门的质量。

1. 请求成交法

所谓请求成交法又称为直接成交法，是指汽车销售顾问直接要求客户购买的一种成交方法。这是一种最简单、最常用的成交方法。

（1）请求成交法的优点

① 运用请求成交法可以体现销售顾问灵活、主动进取的销售精神。

② 运用请求成交法可以充分利用各种成交机会，快速地促成交易。

③ 运用请求成交法还可以节省汽车销售顾问的销售时间，提高工作效率。

（2）使用请求成交法的时机

① 若客户对某一车型有好感，也流露出购买的意向，发出成交信号，可又一时拿不定主意，或不愿主动提出成交的要求，这时，销售顾问就可以用请求成交法来促成客户购买。

② 有时候客户对某一车型表示感兴趣，但在思想上还没有意识到成交的问题，这时销售顾问在回答了客户的提问，或详细地介绍产品之后，就可以提出请求，让客户意识到该考虑购买的问题了。

运用请求成交法必须把握时机。如果销售顾问使用该方法的时机不当，就可能会给客户造成压力，破坏成交的气氛，不仅不能促成交易，反而会使客户产生一种抵触成交的情绪，甚至可能使汽车销售顾问失去成交的主动权，这些都是使用请求成交法的局限性。

一般情况下，只要客户已经发出了成交信号，销售顾问都可以运用请求成交法。

案例：

汽车销售顾问：“王先生，是否能把您的身份证给我，让我帮您办理订车手续。”

客户：“好的。在这里。”

汽车销售顾问："手续已经办好了，这边请，我带您去我们的装饰区，为您的爱车作装饰。"

2. 假定成交法

假定成交法也可以称为假设成交法，是指汽车销售顾问在假定客户已经接受销售建议、同意购买的基础上，通过提出一些具体的成交问题，直接要求客户购买车辆的一种方法。

案例：

汽车销售顾问："王女士，现在没有什么问题了吧？那您准备什么时候来提车呢？"

客户："下个星期一。"

汽车销售顾问："好的，那我们现在去办订车手续吧！"

假定成交法的优点就是可以节省销售时间，提高销售效率，同时还可以适当地减轻客户的成交压力。运用这个方法的时候要注意必须是对老客户、熟客户或个性随和、依赖性强的客户使用，不适合对自我意识强的客户使用，此外，还要看好时机。需要注意的是：销售顾问必须尽量用自然、温和的语言创造一个轻松的销售氛围，不要咄咄逼人，不然就会给客户造成压力，从而失去客户；也不要表现得趾高气扬，销售顾问的一言一行不要露出一丝一毫的顾虑，不能让客户觉得他不买销售顾问所介绍的车辆是因为销售顾问的语气让他难以产生信任感。

3. 选择成交法

选择成交法也称为"非此即彼法"，是指汽车销售顾问提出若干个购买方案，并要求客户在提供的选择范围内做出回应。这也是常用的、非常受欢迎的方法。例如，面店的老板会问："您的面是加一个蛋，还是两个蛋？"销售顾问在销售过程中应该看准客户的成交信号，先假定成交，后选择成交，并把选择的范围局限在成交的范围内。选择成交法的要点就在于使客户回避要还是不要的问题，堵住客户说的"不"字。

销售顾问在运用选择成交法时的注意事项：销售顾问所提供的选择事项应该能让客户从中做出一种肯定的回答，而不能给客户拒绝的机会。销售顾问在向客户提供选择方案时，应尽量避免向客户提出太多的方案，最好就是两项，最多不要超过三项，方案过多会使客户有机会犹豫和进行选择，而销售顾问也就达不到尽快成交的目的了。

从表面上看，选择成交法似乎把成交的主动权交给了客户，而事实上却是让客户在一定的范围内进行选择，这样可以有效地促成交易。这就是选择成交法的优点。

案例：

汽车销售顾问："王女士，您是想要手自一体的还是手动的啊？"

客户："我想我还是要手自一体的吧，我不喜欢手动的。"

汽车销售顾问："行，那对于车身的颜色您是喜欢波尔红还是珍珠白呢？"

客户："波尔红吧，很时尚，珍珠白不耐脏啊！"

4. 机会成交法

机会成交法也称为"危之以吓法"，就是通过告知客户"过了这个村就没有那个店"来达到刺激客户购买的目的。这种方法多用在即使很喜欢一款车型还是要说"再看看"的客户身上，这类客户害怕吃亏，或者是因为吃亏吃怕了，总是前怕狼后怕虎，觉得货比三家才会不吃亏。很多时候，只要他们认为可以挑到好东西，即使跑断腿，他们也愿意，可是事实上，他们总会认为东西不好。在销售顾问的销售工作中，"恐吓"客户的条件一般情况下有以下两个：

1）强调在优惠期，如果现在不买的话，过几天就会恢复原价了。也就是说汽车销售顾问可以找一些借口或者假借某些客观原因临时设置一个有效期，让客户降低期望值，要求客户只能在销售顾问提供的方案范围内以及所设定的期限内做出决定和选择。当然，使用机会成交法要根据4S店或品牌统一制定的销售策略而定，销售顾问不能擅自行动。

案例：

汽车销售顾问："王先生，您今天来得真是时候，我们4S店最近在搞周年店庆的优惠活动，所有的车型都优惠酬宾，今天刚好是最后一天了，明天就恢复原价了。也就是说，过了今天，如果您还想要今天这样的价格，恐怕就要等到我们明年这个时候的周年店庆了。"

2）强调货源不多，加上销售形势很好，如果今天不买，以后再来，就很有可能没有了。利用客户既害怕物非所值，又担心如果不当机立断就会失去眼前这个好机会的心理，来促使客户马上下决定购买。

5. 利益汇总成交法

利益汇总成交法是指汽车销售顾问把之前跟客户介绍的车型的优势，以及客户特别认同的地方，一起汇总，提供给客户，加强客户对优势的感受，同时要求客户达成交易。这种方法是销售顾问常用的技巧，特别是在作完产品介绍后，销售顾问可利用该方法激发客户的购买欲望，同时提出成交建议。

案例：

汽车销售顾问："王女士，这款车能让您从视觉体验和操控方面得到最大的满足，它很适合您的喜好及您平时的习惯，可以弥补您以往开车不是特别称心如意的遗憾。此外，在付款方面，您可以采用分期付款的方式购买，把省下来的钱用在其他需要的地方，比如，您现在刚创立了一个公司，资金周转方面您就不用担心了，您只要每个月付适量的月供，就可以把车开回家了，那您的工作也会顺心很多啊！您看，咱们是否就这么定了？"

客户："行！谢谢你了！"

6. 富兰克林成交法

富兰克林成交法是美国著名的政治家富兰克林发明的，是指汽车销售顾问把客户购买所需车辆所能得到的好处和不购买车辆的不利之处一一列出，用列举事实的方法增强说服力。

案例：

汽车销售顾问："王先生，请让我来为您分析一下，看看您现在购买我们的车值不值得。第一，您觉得这款车的油耗大了，但是这款车是注重安全性能的，所以车身会比较重一点；第二，您认为这款车的工艺不够精细，但是价格却是合理的，而且这也不会影响到汽车的驾驶性能；第三，您说它的车身太短，不够气派，但是，现在好多像您这样的时尚达人都很青睐这种两厢车，因为有个性，而且很时尚，同时这款车的后排座椅都可以放下来，空间是很足的，而且价格也是相对比较低的。您还有什么可以犹豫的呢？"

客户："你好像说的很对啊！那好吧，我们签合同吧！"

7. 前提条件成交法

前提条件成交法就是指当客户询问汽车销售顾问是否能满足其某种需求的时候，汽车销售顾问就应该利用客户自己的需求来说服客户。

汽车销售顾问在实际的销售工作中，会碰到各种各样的客户，有时候会碰到一些很难缠的客户，他们会要求销售顾问按照确切、严格的标准提供车辆以及服务。这时，销售顾问就要敢于去迎接这种挑战。

但是使用前提条件成交法也是有风险的，因为客户要求销售顾问要改变常规的销售模式，对此汽车销售顾问也应该采取非常规的方法来应对。

案例：

汽车销售顾问："王先生，您来看这款车已经看了两次了，看得出您是真的很满意这款车。请问，您还有别的问题需要帮忙的吗？"

客户："如果我是分期付款，那今天可以开车回家吗？"〔不难看出，客户的附加条件就是在考验汽车销售顾问，他并不是一定要今天提车。〕

汽车销售顾问："王先生，按照银行和保险公司的规定，分期付款至少也要三天才行啊。不过如果您现在就定下来，我可以立刻为您安排人协助您去办理贷款手续，尽快让您提车。"

8. 激将法

激将法就是通过刺激客户的心理，促使客户在情绪激动之下产生冲动性购买行为的成交方法。这种成交方法在销售中也是很常见的，但是它也有局限性，汽车销售顾问在使用激将法的时候要注意以下三点：

（1）对象　不是每位客户都能接受汽车销售顾问的激将法，所以在使用激将法的时候，销售顾问要看准对象。一般情况下，对比较冲动、容易感情用事的客户使用激将法是比较有效的，因为这些客户容易产生冲动性购买行为；而对于那些性格稳重、比较理智的客户，激将法是很难发挥作用的。还有，汽车销售顾问要特别注意的就是：千万不要在那些事事谨小慎微、自卑感强、性格内向的客户身上使用激将法，因为刺激性的语言很容易被他们误认为是销售顾问对他们的挖苦、嘲笑，并极有可能对销售顾问怀恨在心。

（2）言辞　不是随随便便一句话就可以激发客户的购买欲望的。太刻薄的言辞不但不能达到刺激客户购买欲望的效果，反而会使客户心中产生对抗心理。而如果语言无力，不痛不痒，也很难使客户的情绪产生波动。所以，在使用激将法时，一定要主要言辞有度，既要防止"过"，也要避免不足。

（3）态度　汽车销售顾问要注意的是，激将法一般用的是言辞，而不是态度，切不可甩脸子、拍桌子，这不仅有损汽车销售顾问的风度，也让客户产生厌恶的心理。

8.4　成交阶段的风险提防

不是到了成交阶段就万事大吉了，成交的每一步都充满着风险，客户随时都可能会因为一个突然的想法或者是销售顾问的一句话、一个动作就反悔，所以销售顾问要时刻提防这些风险。

1. 成交过程中的风险提防

汽车销售顾问要积极地在客户兴致很高的时候多做工作，一旦进入成交过程销售顾问就不能够有一丝的松懈了，必须不卑不亢，措辞要有力，不说没用的话，不使用含糊不清的词句，清楚地询问客户"是"或"不"，让客户自己做出抉择。

2. 签订单之前的风险提防

汽车销售顾问在成交阶段之前已经做了很充分的准备工作了，到了这个时候销售顾问要相信自己，也要相信客户是通情达理的、真心实意的，不要在签订单之前就败下阵来。所有的变通事项都要在划定的前提框内进行抉择。

3. 签订合同阶段的风险提防

汽车销售顾问在这个阶段要做到多听少说，要注意言多必失。对客户的承诺以及成交的前提条件要跟客户确认清楚，如对车辆的颜色、车辆的交车日期、车辆的代号、车辆的价格等进行确认，以免造成分歧，引起不快。

4. 签字盖章阶段的风险提防

在这个阶段，汽车销售顾问的动作要迅速，一切要按规矩办事，一定要确认价格或者每月应付的月供是多少，按划定收取订金，把订车合同的客户联交给客户，同时将注意事项面对面地跟客户说清楚。

成交之后，也就是在签了订车合同后，汽车销售顾问要对客户表示恭喜，但是，在这个阶段，客户可能还会对洽谈的内容存有一些担忧，所以销售顾问不要忘了适时地对客户美言几句，一定要让客户觉得自己的确是买了一辆好车，而且物超所值。

8.5 达成交易后交车

汽车销售跟其他商品不一样，有它的特殊性，那就是不能够做到一手交钱一手交货。作为一个贵重的商品，实力再雄厚的4S店也不会备齐所有的车型。如果4S店的库存里没有客户要的现车，那汽车销售的一般程序就是：客户先选好自己喜欢的车型，然后签订一份订车合同，并支付一定的定金，等4S店备好客户所需要的车型之后，并在一定的时间内通知客户来店提车。

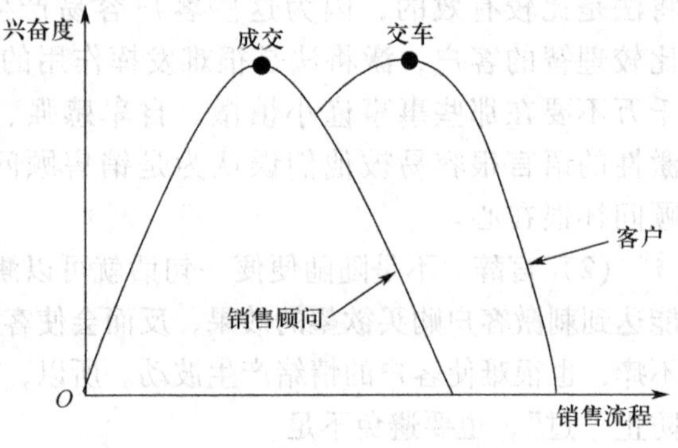

图 8-1 销售顾问和客户的兴奋点

在销售过程中，销售顾问和客户的心情是不一样的。一般来说，成交的时候是汽车销售顾问最开心的时候，由图 8-1 可以看出汽车销售顾问与客户的兴奋点并不同步。

交车步骤是客户最兴奋的时刻，创造忠实客户也是从交车这一环节开始的。在这一环节中，按约定的日期和时间交付洁净、无缺陷的车是每个汽车销售顾问的目标和宗旨，这也将提高客户的满意度以及加强客户对品牌的信任。

为了圆满地完成交车这一过程，要求汽车销售顾问做好交车之前的准备工作，让客户的喜悦之情到达极点，使客户十分满意。

8.5.1 交车前的准备

1. 交车前的电话预约

客户在经过几番周折之后终于决定购买汽车，对于交车的日子，客户都是迫不及待的。

如果可以在一个充足的时间内完成这个活动，客户肯定会更加满足。所以，汽车销售顾问在交车这一环节要从客户的角度出发，给客户留下深刻的印象。

1）汽车销售顾问应该和客户进行沟通，询问客户最方便的交车日期，并告知客户交车所需要的时间，看客户是否有足够的空闲时间来提车。

2）询问客户在交车时，将与谁、有几个人前来。

3）交车前一天，为了避免客户有特殊情况不能来提车，汽车销售顾问要再次与客户联系，同时也提醒客户不要忘记这件重大的事情。

4）如果有特殊情况发生，汽车销售顾问必须在最短的时间内通知客户，并对此表示道歉，同时也要说明延误的原因，并重新确定交车的日期。

2. 交车前的文件准备

在交车前，汽车销售顾问一定要将车辆的相关文件仔细地进行检查，确认无误之后，才可装入文件袋中交给客户。

需要准备的文件清单如下：

① 商业单据(发票、合同等)。

② 牌照(注册信息)。

③ 使用说明手册、保修手册、合格证等。

④ 完税证明、保险凭证等。

⑤ 名片(汽车销售顾问、售后服务顾问等)。

⑥ 交车确认表、PDI 检查表等。

3. 交车前的车辆检查

1）车辆的洁净。仔细清洗车身以及车体内外，要注意在清洗过程中不要刮伤漆面。

2）车辆的细节检查。检查车辆的内饰与外观是否美观。

① 车身漆面是否有刮伤、剥落、凹痕、锈点、饰条。

② 内饰与外观是否有刮伤、缺装品或松脱处，检查缝隙的大小和均匀度等。

③ 车内电线束是否扎紧、吊挂是否牢固。

④ 车窗和车厢、发动机以及行李箱等是否有污点。

⑤ 车内是否遗留没用的标签或者留有可能扎人的物品。

⑥ 油箱内是否按规定加有规定数目的汽油(不可用油票代替)。

⑦ 车辆必须经过实际的操作，确认功能正常，再交与客户(汽车销售顾问要把它当成自己的车来看待)。

4. 交车区的布置

① 汽车销售顾问必须确定好交车地点，并打扫，且要保证交车区的明亮、整洁、清新。

② 在交车区备好桌椅、饮料和点心等。

③ 交车区必须设置在客户来店时可明显看得见的区域，并应有明显的标识牌：“恭喜××先生/女士成为车主!”

交车总的宗旨就是要方便汽车销售顾问将各种车辆资料在很慎重、轻松、愉悦的气氛下交给客户，以提高客户满意度。

8.5.2 交车的步骤

1）将车辆移至指定交车地点。

2）客户一到，汽车销售顾问就立即来迎接，并恭喜客户。

3）将客户引导到接待桌，客户入座以后跟客户说明公司以及自己都很重视这个交车程序，因此在事前已经做好了交车的准备工作，会很慎重地将车辆交给客户。

4）汽车销售顾问简要向客户介绍交车的内容以及所需时间，并向客户确认是否有足够的时间。

5）“双顾问”（汽车销售顾问和售后服务顾问）一起向客户点交相关文件，包括使用说明手册、保修手册、合格证、完税证明、保险凭证等在交车前需要备齐的文件资料以及车辆钥匙(包括备用钥匙)，并向客户介绍各项文件的功能，请客户妥善保存。对使用说明手册以及保修手册，“双顾问”必须对其各项内容以及使用方法进行详细的说明，以免日后因为误解而造成不必要的麻烦。〔尤其是保修部分和不保修部分应该向客户解释清楚。〕

6）引导客户去交车区的停车点，汽车销售顾问再次向客户示范各项功能的操作方法，请客户检查车况，以保证车辆的各项指标都没有问题，然后向客户出示交车确认表，请客户依照各点交项目逐项打钩，并确认签字。若有不符合的地方，要向客户说明原因。

7）举行交车仪式，目送客户离店。交车仪式包括以下内容：

① 到了交车区，介绍总经理(销售经理、任何可参与的人员)或服务经理(服务顾问)同客户认识。

② 全体人员再次热情恭喜客户并衷心感谢客户。

③ 与客户合影。

④ 赠送客户小礼物。

⑤ 全体参与仪式的人员引导并欢送客户，并目送客户离店，直到看不见客户的车。

8）交车后相关信息的录入以及客户跟踪管理。

8.5.3 电话回访

现在很多企业都有了自己的客户管理系统软件，像通用公司的 DSM 系统，丰田公司的 TACT 系统。但无论汽车销售顾问是在哪一个品牌公司工作，信息的录入是其工作不可缺少的一部分。

交车后的客户跟踪管理是提高客户满意度以及维持长久客户关系、促使客户推荐其他客户的一个重要的营销手段。客户的跟踪管理销售顾问一般都会选择电话回访。

以下五项内容是汽车销售顾问在电话回访时必须注意的。

① 汽车销售顾问应在规定的时间内主动给客户打电话。通常都是要求销售顾问在一周内给客户打回访电话，可以采用客户管理系统软件来避免销售顾问因为工作繁忙而遗忘电话回访。

② 汽车销售顾问应在电话中表示对客户的感谢。在通话中，销售顾问首先要再次感谢客户选择自己的服务，可以直接将自己因为这个单子得到了公司表扬的话分享给客户。

③ 汽车销售顾问应询问客户还需要什么帮助。紧接着就是询问客户需要哪些方面的帮助，汽车销售顾问要主动提供帮助。

④ 汽车销售顾问应在通话中提醒客户使用车辆的注意事项。这个时候汽车销售顾问要塑造一个关心客户的形象，主动嘱咐客户要注意刮水器，注意天窗的开启，注意空调、冷冻液等。

⑤ 汽车销售顾问在通话中要十分注意自己的语气、语速、语调以及节奏的把握。同时要作一个记录，尤其是客户在说车的优点的时候，汽车销售顾问要按原话记录，这些记录在以后的销售工作中能起到很大的作用。

第 9 章　如何从优秀迈向卓越

学习目标：

- 了解及时总结的工作内容。
- 掌握改善业务现状的方法以及如何进行客户满意度调查分析。
- 理解售后服务跟踪的内容、方式以及原则。
- 了解处理客户投诉的原则。
- 掌握妥善化解客户不满和投诉的技巧。
- 掌握处理客户投诉的应对话术。

汽车销售不是一个门槛很低的工作，而是一个专业性很强的工作。随着中国汽车行业的发展，行业内的竞争激烈程度也在提高，每一个品牌对汽车销售顾问的要求也会越来越高，无论是从专业汽车技术知识方面，还是从销售顾问的沟通能力方面，都会要求更加全面，更加系统。想要从平凡到优秀，从优秀再到卓越，是要靠汽车销售顾问一点一滴努力积累的。

9.1　及时总结，改善业务现状

情景案例引导：

服务永远是第一位的

从现代商业的角度来讲，品牌、产品、服务，这三者是缺一不可的。作为一名汽车销售顾问，如何在品牌林立的市场中打开局面，拓展自己的销售业绩，一条重要的原则就是通过真心、诚心、贴心的服务，感动消费者，扩大市场占有率。

作为一名有经验的汽车销售顾问，张艳把为客户提供服务摆在了与销售业绩同等重要的位置。一位开厂的老板买了一辆伊兰特。由于技术差，又是新手，这位老板开车经常会出一些小事故，不是车碰了，就是擦掉了漆。有趣的是，这位老板每次车一出事故，就会打张艳的电话，而每次接到这位老板的电话，张艳都会耐心地给他提建议，能够提供保险维修的就维修，不能用保险的就尽量为其节约维修费。

一天晚上，张艳突然接到了这位老板的电话，这位老板在电话中说：“车坏了，打不着火。”凭感觉，张艳觉得不可能打不着火，因为新车一般不会出现打不着火的情况。她便问车主：“档位控制是不是卡在档位上?”得到否定回答后，她又问：“是不是转向盘锁死?”这位车主回答：“是!”问题终于找到了！张艳也舒了一口气。她对这位车主说：“你现在按我说的做，先把驻车制动放下，然后叫人推一下车，再点火。”很快，这位车主的电话打过来告诉张艳，车好了。正是靠这种本不在工作范围内的事自己也努力提供良好的服务，张艳彻底赢得了老板的信任，他不仅介绍了朋友前来买车，而且遇到一些个人问题也找张艳商量。

今年年初，他对张艳讲，去年生意不错，想换台车，让张艳指点一下。张艳自然想到了为他推荐一款车。这位车主很信任地就接受了，并选择了一款深海蓝颜色。由于是颜色车种，订单小，生产周期相对长一些，要等一个多月才能提车。本来张艳可以说服他买黑色车的，但看到这位车主很喜欢深海蓝，加之自己也没有看过这款车，张艳还是满足了他的要求，并多次和厂家协调，不到一个月便将车提了回来。张艳说："服务看起来是一些微不足道的琐碎事，但正是这些细节决定着一个业务员的成绩。这也是我的卖车心得。"

启示：一个真正的推销高手最为重要的是建立正确的从业观念和拥有正确的从业态度，其次是知道如何有效地推销自己，最后才是熟练掌握推销技巧。

9.1.1　及时总结

作为一个汽车销售顾问，工作压力是不小的。那么，汽车销售顾问怎样才能使自己在轻松的氛围中承受尽可能少的压力来增加自己的业绩呢？及时地对自己的工作进行总结就是一个很好的方法。

1. 收集和整理评估信息

汽车销售顾问可以将自己的计划实施情况以及每日的工作情况记录下来，这样可以帮助销售顾问了解自己哪些地方做得好，哪些地方还有待加强和改善；也可以帮助销售顾问检查自己的计划是否切实可行。销售顾问在进行这样一个评估的时候必须直接、简单、省时，同时要持之以恒，每一天都要坚持，这样每天一点一滴地收集以及整理评估信息要比一个月进行一次要容易很多，而且销售顾问也可以在很短的时间内发现自己的不足。

很多汽车销售顾问都不愿意去做这个工作，他们都有以下的错误观念：

1）认为在办公室内做的书写工作，不仅没有用，而且还会占用自己在展厅去接待客户的时间。

2）认为公司规定必须按日填写的各种报表，如来电客户登记表等，都与个人的销售活动以及成交率的提高没有任何关系。

2. 及时总结失败的原因

谁都不能保证任何时候的任何事情都能顺顺利利，同样，在汽车销售中，要做到 100% 的成交率是极其困难的。有时候，成交率可能会高出汽车销售顾问的期望值；有时候，可能一天一辆车都不能成交。

当汽车销售顾问销售失败时，趁自己印象特别深刻的时候，就要冷静并且仔细地反省失败的过程。好好分析一下自己为什么会失败。回想整个与客户接触的过程，反思自己所采取的接近方式、处理异议的方法和成交技巧等，切实做好自我检查的工作。刚入行的汽车销售顾问可能还需要领导的辅导，但是想要成为一名出色的汽车销售顾问，自我总结是必须自己做的事，领导不能在实质上帮助到你。因为在整个销售过程中，与客户进行接触的是汽车销售顾问，只有汽车销售顾问才知道到底发生了什么，销售顾问所用的方法使客户产生了怎样的反应以及这些事情的真相，只有销售顾问自己清楚，领导不可能一天到晚在旁边督促销售顾问的工作。

表 9-1 是某 4S 店的销售失败记录表，图 9-1 所示的为客户来源区分。

表 9-1 销售失败记录表

______年______月　　　　　　　　　　　　　　　　　　　　销售顾问：______

客户姓名	意向车型	联系方式	来源区分	初洽日期	失败日期	失败车型	失败原因分析

运用销售失败分析表（表 9-2）来进行及时总结，不管是对汽车销售顾问还是对公司整体的销售业绩都是很有帮助的。

汽车销售顾问必须养成当次访问或者洽谈结束后进行总结的习惯，这样就能避免在下一次访问或者洽谈中再犯同样的错误，而且汽车销售顾问要做的是一次彻底的、系统的失败原因分析。记住：要在自己印象十分深刻的时候，马上开始。

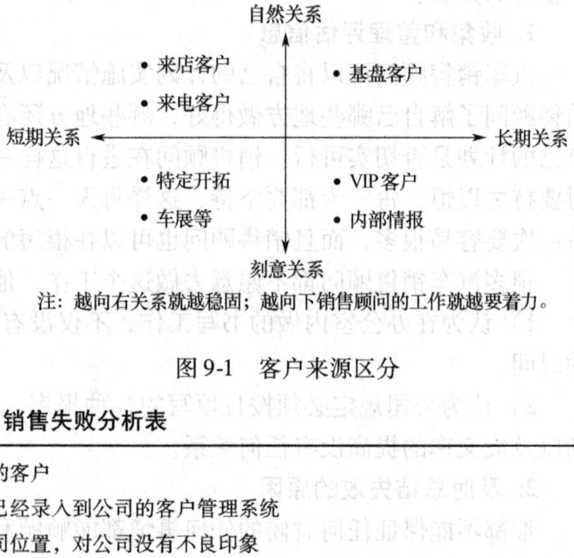

注：越向右关系就越稳固；越向下销售顾问的工作就越要着力。

图 9-1 客户来源区分

表 9-2 销售失败分析表

基盘客户	1. 对销售顾问未来的销售工作有帮助的客户 2. 销售顾问保有对方的完整资料，并已经录入到公司的客户管理系统 3. 这些客户留有公司的资料，知道公司位置，对公司没有不良印象 4. 销售顾问至少已经接触一次以上，能与客户联系上，并有长期且定期的联络计划等
VIP 客户	1. 这类客户经常会给公司提供购车情报，对销售具有影响力 2. 公司销售经理或销售主管曾经亲自接触 3. 公司有任何的对外活动或者赠送品，会优先邀请或赠送这类客户 4. 每个月都会有公司任命的专责销售顾问对这类客户进行拜访
有内部情报的客户	利用地区或者 4S 店内各员工的亲属关系已达成情报推介效果，这类客户在公司举行促销活动的时候是重点运用的客户

9.1.2 改善业务现状

1. 改善业务现状的方法

一般情况下，刚入行的汽车销售顾问或者是经验还不足的汽车销售顾问都会出现这样的情况：业务很不理想甚至很差。这时，汽车销售顾问不该沮丧，而是要努力想办法去改善业务现状，读者可以参考以下一些改善业务现状的方法：

（1）反思自己的服务是否已经是最佳的服务

1）有没有贯彻自己最初制定的工作计划且不怕挫折地执行了计划？

2）工作过程中是否是自己独立思考并行动，没有请求领导的帮助？

3）有没有按时间的顺序将每次与客户接触的内容记录下来？

4）自己对车型知识的理解是否已经深入，了解行业的最新知识吗？

5）介绍车辆的时候是否考虑了客户的理解程度以及关心程度？

6）是不是错失了成交的时机？

7）有没有撰写建议方案给客户？

8）是否解决了客户的所有异议？

9）是否恪守了对客户的承诺？

（2）汽车销售顾问不称职的表现

1）观念上的不称职。汽车销售顾问做不好自己的工作，首先就表现在自身的观念上。

① 遇到困难的时候只会想办法搪塞，从不想办法克服。

② 对于必须做的又嫌麻烦的事情，从来都是想办法逃避。

③ 对于必须做的事情，做起来不专心，以至于工作拖拖拉拉，质量很差。

④ 从来都不留意自己的对手，也不会在意其他销售顾问的行动。

2）公司业务上的不称职

① 对于必需的资料，常常需要花很长的时间才能找到。

② 简单的工作也常常会犯错。

③ 经常推迟已经安排好时间的工作。

④ 经常忘记当天需要做的工作内容。

⑤ 对自己的工作总是敷衍了事。

3）造访客户方面的不称职

① 认为自己不可能会做到，就只在形式上拟一下造访计划。

② 不负责任地制订造访计划。

③ 因为一些无关紧要的事情而改变原有计划也丝毫不在意。

④ 当天的造访计划会因当天的天气状况、心情而作变更。

⑤ 在制定计划的时候只找和自己投机的客户。

4）洽谈过程中的不称职

① 对于因客户自身原因使得洽谈预定的时间推迟或者取消也丝毫不在意。

② 碰到很麻烦的客户只会想办法逃避。

③ 洽谈过程中没有使用任何销售方法，或者无论面对的是怎样的客户，都是以同样的方式洽谈。

④ 在洽谈过程中，会不假思索地相信客户所说的每一句关于客户情况的话。

5）信息(情报)利用上的不称职。信息(情报)利用上的不称职表现包括：

① 明明知道必须立即去处理某些情报，可迟迟没有行动。

② 对必需的、可是收集起来又很麻烦的会放弃收集。

③ 对客户所说的与自己的观点相悖的话毫不在意。

④ 只看重对自己有利的信息，对自己不利的则加以反驳。

⑤ 明明知道是有用的信息却不加以利用。

6）工作质量上的不称职

① 不认为工作的质量是同经验的多少成正比的。

② 从不表达自己的意见，什么都表示赞同。

③ 表面上虽然表示赞同，但是不想认真地去实行。

④ 看见别人的业绩比自己差时会自我满足。

⑤ 对自己不利的事情只作表面上的报告，隐藏真实的情况。

7）销售业绩上的不称职

① 连续三个月以上没有完成销售任务。

② 认为很难达成交易就放弃继续努力。

③ 和关键人物的洽谈比率低。

④ 提供给客户的方案通过率持续下降。

2. 进行客户满意度测评以改善业务现状

客户满意度(Customer Satisfaction Index, CSI)是对客户要求已被满足的程度的一种量值表示。

客户满意度测评指标体系，我国采用三级形式：

一级：客户满意度指数。

二级：8 个指标，用于测量客户在接受特定产品或服务前后的有关感受。

三级：指标共 29 个，是针对二级指标分别设立的相应测量指标，使之细化。

客户满意度测评指标体系见表 9-3。

表 9-3 客户满意度测评指标体系

一级指标	二级指标	三级指标
客户满意度指数	企业/品牌形象	企业/品牌形象
		企业/品牌知名度
		企业/品牌特征显著度
	客户预期	总体质量预期
		可靠性预期
		个性化预期
	产品质量感知	总体产品质量感知
		产品质量可靠性感知
		产品功能适用性感知
		产品款式感知

（续）

一级指标	二级指标	三级指标
客户满意度指数	服务质量感知	总体服务质量感知
		有形性质量感知
		可靠性质量感知
		保证性质量感知
		响应性质量感知
		关怀性质量感知
	价值感知	指定质量下对价格的感知
		指定价格下对质量的感知
		与竞争对手相比下对价格的评价
	客户满意	总体满意程度
		实际感受与预期水平的差异
		实际感受与理想水平的差异
		实际感受同其他品牌比较的差异
	客户抱怨	客户抱怨与否
		客户投诉与否
		投诉处理满意与否
	客户忠诚	重复购买的可能性
		向他人推荐的可能性
		价格变动的忍耐性

在汽车销售顾问个人作测评的时候，可以将整个购车过程中提供的服务分为三个部分：售前、售中和售后，各部分的测评项目以及权重分配和客户满意度测评指标体系有些不一样，表 9-4 为客户满意度测评，表 9-5 为售前满意度测评。

表 9-4　客户满意度测评

客户满意度测评（1000 分）	售前服务测评项目	企业/品牌的知名度及信誉	70 分
		展厅及展车的陈列	60 分
		车型介绍资料充分	60 分
		售前主动联系客户	50 分
		对车型和服务介绍全面	40 分
		设立购车咨询热线	40 分
		购车咨询热线的质量和态度	40 分
	售中服务测评项目	提供满意的试乘试驾服务	65 分
		一条龙服务	55 分
		汽车销售顾问的服务态度	50 分
		供货的及时性	70 分
		新车装饰服务	45 分
		交车时车辆外观性能的满意度	40 分

（续）

客户满意度测评(1000 分)	售后服务测评项目	企业/品牌协助处理质量问题	70 分
		售后主动联系客户	65 分
		有售后服务咨询热线	40 分
		售后服务咨询质量	40 分
		维修服务处理速度	40 分
		维修服务态度	30 分
		维修质量	30 分

表 9-5　售前满意度测评

考评项目	考评子项目	考评权重	考评方法	评分标准				
售前	1）企业/品牌的知名度及信誉	70 分	问卷调查	极其满意 70 分	较满意 52 分	一般 35 分	较不满意 18 分	极其不满意 0 分
	2）车型介绍资料充分	60 分		极其满意 60 分	较满意 45 分	一般 45 分	较不满意 15 分	极其不满意 0 分
	3）售前主动联系客户	50 分		事先联络率 >30% 50 分	21%~30% 37 分	11%~20% 25 分	5%~10% 13 分	5%以下 0 分
	4）对车型和服务介绍全面	40 分		极其满意 40 分	较满意 30 分	一般 20 分	较不满意 10 分	极其不满意 0 分
	5）购车咨询热线的质量和态度	40 分		极其满意 40 分	较满意 30 分	一般 20 分	较不满意 10 分	极其不满意 0 分

也可以利用综合调查来了解顾客满意度，表 9-6 为顾客满意度调查表。

表 9-6　顾客满意度调查表

项目		满意指数				
		很满意	较满意	一般	较不满意	很不满意
对本公司的满意程度						
车						
服务						
回答询问						
电话支持						
文件资料						
对销售顾问	及时回答					
	对车的了解					
	解决问题能力					
	敬业精神					
	仪表					
	表达					

汽车销售顾问可以通过自己的测评结果以及调查结果对自己的工作进行有针对性的改善。

9.2 提供让客户满意的售后服务

每一笔交易完成，汽车销售顾问就像打完一场胜仗一样，松了一口气。可是，这并不是结束。一个优秀汽车销售顾问业绩的60%来源于老客户。著名的营销专家 Joe Girard 也说过："你所遇到的每一个人都有可能为你带来至少250个潜在的客户。"如果一个汽车销售顾问拥有一大批忠诚的老客户，那就等于给自己栽下了一棵棵摇钱树。

汽车销售顾问应该怎样做，客户才会给你带来新的客户呢？其实，这取决于客户在购买完成之后的满意程度和不满意程度。

在现实生活中，客户的不满意程度可以分为以下两种情况：

第一种情况：客户的需求没有得到满足，对服务不满意，从而埋怨、发牢骚，进而投诉，甚至还可能会出现过激的行为。

第二种情况：客户没有不满意，也没有十分满意。汽车销售顾问作为服务的提供者，已经兑现了承诺给客户的东西，客户不会有太多的感觉，因为在客户看来这些都是汽车销售顾问应该做的，所以客户既不会觉得满意，也不会觉得不满意。

客户对所购买的车以及汽车销售顾问的服务完全满意则是汽车销售顾问追求的最高境界。汽车销售顾问在之后的售后跟踪中也会很轻松，可以很放心、问心无愧地来对待客户，这样，客户就有可能成为汽车销售顾问忠实的宣传者，让他所认识的人也可以像他一样拥有一份完美的交易。这是属于汽车销售顾问自己的一笔无形的财富。

提供高质量的售后服务，是提高客户满意度的一个重要途径。

1. 售后服务跟踪的内容

售后服务跟踪有两个方面的内容：一是跟踪客户的心态；二是跟踪车辆的性能。

跟踪客户的心态是为了了解客户在驾驶汽车的过程中发生了什么新的状况使得客户的满意程度同成交的那一刻相比有所下降。如果客户对所购买的汽车一直保持着一如既往的热情，那当然是最好的，这样的例子，汽车销售顾问可以运用到以后新的销售活动中，这样就使得产品的介绍更加生动，也更加容易打动客户的心。

跟踪车辆的性能有三个方面的好处：第一，代表了企业/品牌的信誉；第二，表示汽车销售顾问对客户的关心；第三，将客户提出来的问题整理之后反馈给生产厂家，使得其对车辆的品质以及性能进行改善。汽车销售顾问要确实了解售后服务跟踪是汽车销售顾问的一项义务，是必须明确的成本之一，从某种意义上来讲，跟踪了解是一种负担，但是它也可以创造出效益，它是汽车销售行业持续经营的有力保证。

客户会抱怨车辆的质量不过关，抱怨4S店不诚实销售，抱怨售后服务站不负责任等。汽车是一个耐用的消费品，所以尽管客户会抱怨、会发泄情绪，但是客户不会因为车辆有瑕疵或者故障而不再使用。虽然如此，可这在无形中会损害企业/品牌的形象，也会影响到汽车销售顾问的工作，因为客户已经降低了对汽车销售顾问的信任度。

如果汽车销售顾问可以及时地了解客户的心态以及车辆的性能，就会给客户留下一个好的印象，汽车销售顾问解决了客户的问题，他可能会转告五个以上的人，一个忠诚的客户相当于一个流动的广告媒体。要知道，保持老客户创造的价值，胜过拜访新客户创造的价值。

2. 售后服务跟踪的方式

很多汽车销售顾问认为：自己是做汽车销售的，卖车才是自己的任务，售后工作根本不在自己的工作范畴内，再说已经有了一个售后部，做销售的还能提供一些什么服务呢？

这些观点都是错误的。其实，汽车销售顾问提供售后服务并不是说一定要做一些具体的事情，任何能够提高客户满意度的话语和行动都是售后服务的形式。

关于售后服务跟踪，汽车销售顾问最起码要做到以下几点：

（1）与客户保持联系　在已经完成交易后，汽车销售顾问可以同客户多联系。与客户保持联系，不仅可以让客户感觉到你的存在，还可以让客户觉得你并不是那种一做完生意就再也找不到的人，慢慢地，客户就可能把你当做朋友了。

很多汽车销售顾问会认为和客户成为朋友很困难，其实不然，只要销售顾问把客户当成朋友，当成一个曾经给过你帮助的人，你就不会忘记他们。例如，可以在客户生日的时候，在节假日的时候，给客户打一个电话或者发一条短信，尽管这是一件很小的事情，却最能让客户感动。

（2）协助客户办理手续　购车不像购买其他商品一样，购车是一件很麻烦的事情，需要办理很多手续，如上牌手续、保险手续等。虽然在通常情况下，这些手续都会安排专门的人协助客户办理，但是从汽车销售顾问开始接近客户到客户提车离店，汽车销售顾问是跟客户接触最多的人，销售顾问可以为客户提供一些力所能及的帮助。例如，在办理手续之前，告诉客户应该准备哪些资料或者文件，这些资料或者文件又应该如何办理以及到哪里办理等。

即使无法为客户提供帮助，汽车销售顾问也可以在客户办理手续的过程中，打个电话问候一声，如“张先生，您的上牌手续都办好了吗？还有什么需要我为您服务的吗？”这虽然只是一句很简单、很普通的话，但是客户却能够感觉到你的关心，客户会觉得自己特别幸运，碰到了一个很热心的汽车销售顾问。

（3）帮助客户解决相关问题　客户把车开回家之后，心里也未必是踏实的，他们仍然会在碰到问题之后去找汽车销售顾问。这个时候，汽车销售顾问要做的就是努力帮助客户解决问题，而不是觉得不耐烦，甚至厌烦。要知道，客户之所以会找汽车销售顾问，是想从汽车销售顾问那里找到一点安全感。客户在你这里把车买走了，就表示客户已经相信你了，如果汽车销售顾问可以借此使客户更加相信自己，那么客户很有可能就会在其准备买车的亲朋好友碰到问题时向你请教，从而销售顾问就得到了一个开拓新客户的好机会。

以上三点都是汽车销售顾问售后服务最基本的内容。不要小看了这三点，只要汽车销售顾问做足了、做细了，让客户高兴了、满意了，就会出现“鸡生蛋，蛋生鸡”的情况，这样，汽车销售顾问的客户就会越来越多。由此看来，提供售后服务也是汽车销售顾问开拓新客户的一个重要手段。

3. 售后服务跟踪的原则

（1）“两心”原则　“两心”就是指汽车销售顾问的热心和耐心。我们要求汽车销售顾问要做好售后服务跟踪，就是要汽车销售顾问提供超出客户预期的超值服务，也就是营销学里面讲的产品的附加值。一些营销策划专家认为：构成产品的要素无外乎就是核心产品、形式产品、附加产品(也就是产品的附加值)。

由于消费已经从“物质”消费日益转化为“精神”消费，人们更多地开始追求精神上的享受，消费日益倾向于感性、品位、心理满意等抽象标准。产品的附加值与产品难以分割，并日益融为一体了。

汽车销售顾问在销售工作中，经常会碰到一些很挑剔的客户，当汽车销售顾问热心地接待客户时，客户可能不但不领情，甚至还给销售顾问脸色看、奚落销售顾问，这个时候，汽车销售顾问就要做到不灰心，并一直热心、耐心地为客户提供服务，让客户感受到销售顾问的服务精神，这样，才会有成交的希望。而且，在与客户完成交易之后，汽车销售顾问如果还能让客户受到优质的服务，客户就会因自己受到周到的跟踪服务而心存感激，这个时候，客户受尊重的需求被最大限度地实现了，也就是前面讲的产品的附加值，这样，客户就很有可能为品牌以及销售顾问的服务作宣传，销售顾问的新客户就产生了。

（2）从客户利益出发的原则　售后服务跟踪工作一般在汽车销售顾问与客户联系时就开始了，所以，汽车销售顾问要注意一定要给客户留下一个良好的印象。在售后服务跟踪的过程中，汽车销售顾问不是去表达自己的想法，而是要清楚明白地了解客户的想法和意见，站在客户的角度思考问题。

一个优秀的汽车销售顾问在做售后服务跟踪工作的时候，不仅要明白自己所扮演的角色，还要清楚客户心中满意的地方以及不满意的地方，只有清楚了解了客户的问题，才能帮助客户解决问题，客户才会乐意接受汽车销售顾问的意见和建议。这样既解决了服务问题，也赢得了客户的好感。

（3）礼尚往来的原则　在人们的潜意识里，只要其他人对自己付出了真情，人们就会想着要替对方做点事情作为报答。这种心理通常被称为互惠原则，即你对我好，我会对你更加的好，这是一种社会与文化的规范。同样，汽车销售顾问在与客户达成交易之后，在适当的时机也可以送给客户一些小礼物等，或者告诉客户最近公司的活动，客户就会觉得自己被重视了，这样，在你需要一些信息的时候，客户也会告诉你，即使没有和汽车销售顾问达成交易的客户也会将一些竞争产品的信息告诉你，这就是礼尚往来的原则。

9.3　妥善化解客户的不满和投诉

客户的疑虑和抱怨肯定是存在的，所以汽车销售顾问妥善地化解客户的不满和处理客户的投诉是很有必要的。

1. 正视客户的投诉

据华盛顿技术协助研究计划研究结果显示，不满意的客户中只有 4% 会抱怨。当客户真的抱怨或者投诉时，说明问题已经超出他的容忍范围了。现在是消费者抬头的时代，认真倾听以及化解客户的不满是一个企业负责任的表现，汽车销售行业更是如此。我们常说要将客户当做“上帝”来提供服务，当然这也包括化解客户的不满和投诉。

一般情况下，让客户不满意的主要原因有以下几点：

1）产品的质量。例如：“才交的新车就出现问题，这跟买二手车有什么区别啊？”

2）修了几次了，还没修好。例如：“同样的问题，都进售后服务站修了三次了，还没修好。”

3）服务态度。例如：“交完车之后，汽车销售顾问就跟一团火突然变成一块冰似的。”

4）不被尊重。例如："每次到你们售后服务站作保养或者检修都要等很久。"

5）不平等待遇。例如："为什么他们的车可以索赔，我的就不可以？"

6）被骗的感觉。例如："为什么别人的车过了保修期修车不要钱，我的就要给？"

7）心理不平衡。例如："当初我亲戚朋友都要我别买这辆车，现在买了这辆车，发生问题之后收费又高，还老是出毛病。"

通常，不满的客户会抱怨汽车销售顾问、产品、服务、公司，最后发起投诉。客户的投诉一旦没有处理好，就很有可能引起纠纷。汽车销售顾问不要对客户的投诉产生畏惧感，可以从另外一个角度来看，客户投诉是一个最好的信息，所以汽车销售顾问不要逃避客户的投诉，而是应该抱有感激之情欣然前往处理。

2. 处理客户投诉的原则

当客户投诉时，汽车销售顾问应该如何处理呢？汽车销售顾问在处理客户投诉时应遵循以下原则：

1）先处理客户的心情，再处理客户的事情。

2）及时回答客户的问题。要知道，这个时候，客户愤怒的情绪正处于高涨的时期，让客户等得越久，客户就会越生气。

3）如果可以，汽车销售顾问可以安排客户到一个安静的场所。这样一来有利于客户情绪的平静，二来可以使汽车销售顾问和客户摆脱在公共场合处理问题的尴尬局面。

4）不要挑战客户。汽车销售顾问对于超出工作职责范围或者没有权限的事情，不能向客户做出任何承诺；对于自己无法及时做出承诺的事情，汽车销售顾问要告诉客户具体的答复时间。

5）不要试图在争论中取胜，汽车销售顾问的目标是要让客户满意，而不是与客户争论，那样只会让客户更加反感。

6）让客户发泄完所有不满的情绪。客户只有在发泄完情绪之后，才会处于聆听的状态，才会听得进汽车销售顾问说的话。

7）寻求共同意识。寻求共同意识就是要汽车销售顾问告诉客户销售顾问对其提出的不满表示同意。

8）让客户了解事情的发展。如果要解决客户的问题需要一段时间，那么汽车销售顾问就要与客户保持联系，不要让客户认为他们的问题已经被人忘记了。

9）记住：在客户提出不满和投诉的时候，他们是没有兴趣听你不能做什么的，所以，在这个时候，汽车销售顾问要强调自己能够为客户做些什么。

3. 妥善化解客户不满和投诉的技巧

（1）处理客户情绪的技巧

1）让生气的客户消气。销售顾问可以领客户去贵宾室，并热情地接待客户。

2）倾听客户的心声。销售顾问要让客户感受到自己对他的关心。

3）表示出和客户有同感。销售顾问向客户表示他的问题自己能够感同身受，并支持客户的意见。

（2）处理客户问题的技巧

1）总结客户的问题。详细地检查、记录、分析、总结客户的问题，然后帮客户想出解决问题的方法。

2）询问客户的需求，这个需求是说客户希望汽车销售顾问如何帮他解决问题。

（3）汽车销售顾问向客户提出选择性的解决方案。

1）所提出的解决方案必须符合客户的观点。

2）方案的内容必须是在汽车销售顾问可以提供的服务范围内。

① 汽车销售顾问与客户都认可的服务范围已经达到或者超越了客户预期的范围。

② 汽车销售顾问要注意不要做出过多的承诺。

③ 汽车销售顾问不能违背公司的原则。

④ 汽车销售顾问在为客户提供方案的时候，要将心比心，这样才可以赢得客户的信任。

（4）站在客户的角度支持客户　在客户选定解决方案之后，汽车销售顾问要站在客户的角度，支持客户，扭转尴尬的局面。

（5）提供额外的服务　其实，这一点还是之前讲过的内容，即附加值服务，这是为了给客户提供卓越的服务。如果汽车销售顾问所提供的服务超过了客户的期望值，那么客户的满意度就会上升。这能化解客户的不满，然后再将不满转变成非常满意，那么客户的投诉就不复存在了。后续服务是很有必要的，这不仅有利于恢复公司的名誉和信用，也有利于汽车销售顾问继续维持与客户的关系，同时也可以使客户恢复原有的信心。

在化解客户不满的过程中，诚恳地向客户道歉以及帮客户找出让客户满意的解决方法是必要的，即使是因客户本人的错误才引起的不满，在开始时销售顾问也要向客户道歉。就算汽车销售顾问再有理由也不要跟客户争辩，那样只会引起更多的麻烦。但是，汽车销售顾问也要注意，一味地赔礼道歉也是不当的，汽车销售顾问低声下气的样子反而会让客户误认为真的是公司或者汽车销售顾问的错，那么，客户的气焰会更加旺盛。

4. 处理客户投诉的实战案例

在处理客户投诉的时候，汽车销售顾问要针对不同的情况使用不同的话术。

下面这三个投诉是汽车售后工作中常见的投诉，以下逐一进行分析：

案例1："你们的车子质量太差了，我真后悔买了你们的车！"

1）常见的应对方法及其分析

①"您之前提车的时候都没有什么问题啊，况且提车的时候您还自己亲自检查了的！"这样的应对话语把责任都推卸到客户身上，暗示客户买回去之后才出现问题。

②"是不是质量问题，等我们检查之后再下结论，好吧？"这种应对话语是暗示客户不要乱下结论，言下之意就是说车子可能不是因为质量问题而出故障，而是由人为因素造成的。

③"王先生，这人也会生病啊，车子出点毛病也是很正常的吧？"这样的应对话语纯粹是狡辩，特别容易引起客户的不满。

2）注意点

① 对投诉的客户，汽车销售顾问要热情接待，并表示关心。

② 公平处理客户的问题，而不是埋怨、否认或找借口敷衍。

③ 专业且迅速地为客户解决问题。

3）巧妙应对话术

①"王先生，十分抱歉我们公司的产品给您带来了不便，我已经将您的姓名、电话以及车辆详细信息记录好了，我会马上联系售后维修部门为您的车辆作一个检测，如果确实是

轮胎的质量有问题，我们将免费为您更换一个全新的轮胎，您看这样可以吗？”

②“其实汽车也是一件商品，不可能做到完美无缺的，但是既然出现了问题，我们公司就会负起这个责任。真的是很抱歉！王先生，您找个方便的时间来我们4S店，好好检查一下您的车，到时候我陪您一起去，您看可以吗？”

案例2：“你们维修保养的价格那么贵也就算了，可我每次来都要等很长的时间，真的很烦！”

1）常见的应对方法及其分析

①“王先生，汽车维修涉及的方面是很广的，有很多地方都不是我们可以控制的！”“王先生，我们也只能按照正常的流程进行啊！”这两种应对话语表明了汽车销售顾问在推卸责任，这样只会让客户更加生气、更加失望。

②“王先生，对不起，我们已经尽力了！”这样的话语过于生硬，没有切实地为客户寻找解决问题的方法，会让客户觉得公司和汽车销售顾问都很冷漠。

2）注意点

① 理解客户的心情，并道歉，以消除客户心中的不满。

② 解释造成客户等待时间较长的原因。

③ 提供解决问题的具体措施。

3）巧妙应对话术

①“王先生，您说的这个情况确实是存在的。尤其是在周末以及节假日的时候，人都比较多，所以等待的时间也就比较长，因此，我建议您尽量避开周末以及节假日，而且，您可以提前预约，这样工作人员就会提前为您安排。还有，现在只要是提前预约的客户，我们都会在维修以及保养费用上给予八八折的优惠，这样既节省了您等待的时间，也节省了您的开销，您又何乐而不为呢？”

②“王先生，您当初来我们店买车也是知道的，我们的工作宗旨就是“客户至上”，希望客户能够得到满意的服务。现在，有不周到的地方真的是很抱歉。如果我是您的话，我也会有同样的心情。为了我们今后的工作得到改善，您能为我们提供一些宝贵的建议吗？”

案例3：“你们售后的电话要么占线，要么就是没人接，实在是太过分了！”

1）常见的应对方法及其分析

①“是吗？有这种事啊？”和“不是吧？您什么时候打的？”这两句应对话语可能会让客户觉得汽车销售顾问是在怀疑以及不信任自己，是在质问自己，这样双方的矛盾就会加剧。

②“您打电话的时候可能是高峰期，过一会儿再打就好了。”这样的应对理由很牵强，不足以让客户信服。

③“啊？这种情况很少出现呀！”这样的话语过于简单、苍白，客户可能会认为汽车销售顾问在敷衍自己。

2）注意点

① 汽车销售顾问要站在客户的角度，耐心倾听客户的投诉。

② 真诚地向客户道歉。

③ 提出有效的解决办法，让客户提出意见。

3）巧妙应对话术

①“王先生，这确实是我们的失误啊，非常感谢您反映这个情况！其实我们是很重视售后服务的，但是因为最近我们售后的工作进入了高峰期，导致有时候售后电话会占线，真的对不起！”

②“王先生，您的意见我会马上跟上级反映的，而且，我们公司已经决定尽快尽量多开通更多的售后服务电话以及安排更多的接线人员，相信这种情况会很快得到解决的，感谢您给我们提供的宝贵意见！”

9.4　自我提高的技巧

汽车销售顾问在工作的一开始，就必须明确自己的目的，而汽车销售顾问的目的就是尽快满足客户的需求。只有客户的需求得到了满足，交易才会达成。

那么，汽车销售顾问如何在工作中提高自我呢？以下从两个方面分别介绍自我提高的技巧。

1. 汽车销售顾问如何对待客户

（1）与客户见面之前

1）思考客户希望获得的良好感受以及利益，也要思考自己想要获得什么。

2）认真研究自己所售车型的特点以及可以给客户带来的利益。

3）建立客户档案，更多地了解客户。

（2）与客户洽谈时

1）用客户喜欢的销售方法进行销售。

2）不仅要听，还要概要地重复从客户那里得到的信息。

3）对待客户要诚实。尤其在作车型介绍、提供服务和建议的时候，汽车销售顾问要说实话，不能对客户有所隐瞒或者欺骗。记住：销售的最佳策略就是诚实地对待客户。

4）汽车销售顾问要明白，当客户获得的是最大的利益，而承担的却是最小的风险时，客户就会和销售顾问达成交易。

（3）在客户提车之后

1）汽车销售顾问要同客户保持联系，以确定客户对所购买的车辆是否真正满意。

2）尽自己最大的努力为客户解决问题，加强与客户的关系，客户把销售顾问当朋友了，销售顾问就成功了。杰弗里·吉特默说过一句话：在相同的情况下，人们愿意跟他们的朋友做生意；在不同的情况下，人们仍愿意跟他们的朋友做生意。

3）当客户对所购买的车辆很满意时，请客户帮忙推荐新的客户。

汽车销售顾问要注意，不要得罪任何一位客户。在每位客户的身后，都大约站着 250 个人，这些都是与客户关系比较亲近的人，如亲戚、朋友、同事以及邻居等。因此，在任何情况下，都不要得罪任何一位客户，要知道，赶走了一位客户，就代表赶走了 250 位潜在客户。

2. 汽车销售顾问如何对自己

（1）制定目标

1）汽车销售顾问应把每天的工作目标记录下来，并且没有任何条件地去实行自己的计划。

2）将自己每天的计划铭记于心。

（2）自我鼓励

1）工作一天之后，花点时间对自己当天的工作进行认可。

2）抓紧时间、集中精力去做正确的事。

3）把完成当日工作当成一种乐趣。

4）认真体会自己完成每日计划的良好感受。

5）鼓励自己以后也要这样坚持下去。

（3）自我反省

1）总结在当日工作中有哪些事情做得不妥。

2）总结在当日工作中出现的不适宜的行为。

3）找出没有完成当日工作的原因以及想出补救措施。

4）相信自己是一个有价值的人，所以要继续证明自己的价值。

5）摒弃哪些有悖于工作目的的行为，并及时提醒自己回到工作的目的上来。

附　　录

附录A　世界著名汽车公司的车标及其含义

1. 德国车

• 宝马汽车公司

BMW(宝马)是公司全称“Bayerische Motorenwerke AG”的缩写。宝马汽车公司创建于1916年，总部设在慕尼黑。卡尔·拉普和马克斯佛里茨在慕尼黑创建了巴依尔飞机公司。1917年，该公司改为巴依尔发动机有限公司，这就是巴依尔公司简称(BMW)的来历。1918年公司改为宝马汽车公司。

宝马汽车车标

宝马车标采用了内外双圆圈的图形，并在双圈圆环的上方，标有BMW字样。由于宝马汽车公司是以生产航空发动机开始创业的，所以车标中的蓝色为天空，白色为螺旋桨，整个车标就像蓝天、白云和运转不停的螺旋桨，喻示宝马汽车公司渊源悠久的历史，既象征公司过去在航空发动机技术方面的领先地位，又象征公司的一贯宗旨和目标：在广阔的时空中，以最新的科学技术、最先进的观念，满足顾客的最大愿望，反映了公司蓬勃向上的精神和日新月异的新面貌。

• 梅赛德斯-奔驰

1899年3月，埃米尔·耶利内克(当时的奥地利驻匈牙利总领事)驾驶戴姆勒制造的凤凰牌汽车参加在法国尼斯举行的汽车大赛，并以他女儿的名字“梅赛德斯”(Mercedes，意为幸福)作为赛车名，结果获得第一名。于是埃米尔·耶利内克将其经销的戴姆勒汽车全部取名为“梅赛德斯”，果然销路不错。

1926年，奔驰公司与戴姆勒公司合并，合并后生产的汽车叫做“梅赛德斯-奔驰”(Mercedes-Benz)，各自的车标也被结合起来重新设计成为新的车标：Benz的月桂枝绕着三叉星，“Benz”字样在下面，“Mercedes”的字样在上面，这是一次伟大的结合。经过两次修改，梅赛德斯-奔驰的车标就是我们现在看到的被简化了的形似转向盘的一个环形圆围着三叉星。三叉星表示在陆海空领域全方位的机动性，环形图则显示其营销全球的发展势头。奔腾飞跃，驰骋千里，充满活力、动感，这正是对梅塞德斯-奔驰汽车的最佳写照。

梅赛德斯-奔驰汽车车标

• 大众汽车公司

大众汽车的德文VolksWagenwerk，意为大众使用的汽车。大众汽车公司创建于1938年，基地设在德国的沃尔斯堡，创始人是著名的汽车设计大师波尔舍。大众汽车公司是世界十大汽车公司之一，该公司生产的汽车种类繁多，无论在车型还是在性能及科技上面都适合世界上每个角落的人们使用，所以大众汽车深受各个国家人们的喜爱，这让它很快成为世界知名企业。大众汽车车标中的“VW”为公司全称的头一个字母，车标像是由三个用中指和食指摆出的“V”组成，图案简捷、大方、明了，表示大众公司及其产品必胜—必胜—必胜。

大众汽车车标

• 奥迪汽车公司

奥迪汽车公司总部设在德国的英戈尔施塔特。奥迪汽车车标的四个圆环分别代表霍尔茨汽车公司、奥迪汽车公司、蒸汽动力车辆厂和漫游者汽车公司四家公司，这些公司曾经是自行车、摩托车及小客车的生产厂家。公司选择象征四家公司紧密联合的四环图案作为汽车的车标，象征兄弟四人紧握手。半径相等的四个紧扣连环象征公司成员平等及互相协作的亲密关系和奋发向上的敬业精神。

奥迪汽车车标

• 保时捷研究设计发展股份有限公司

“保时捷”（PORSCHE）曾译名为“波尔舍”，是该公司创始人费迪南德·波尔舍的姓氏。保时捷是一个产自德国斯图加特市的世界知名汽车品牌，保时捷公司成立于1930年。保时捷公司的特殊之处在于其不局限于进行保时捷品牌超级跑车、赛车的设计和研发，更有领域性地承接其他公司委托的技术研究和设计开发工作，这是保时捷公司财富的最大来源。保时捷汽车具有鲜明的特色，甲壳虫式的车形，后置式发动机让保时捷拥有更优异的性能表现，在这个注重性能和速度的市场中，它很快就成为了知名的汽车。

保时捷汽车车标

保时捷车标采用公司所在地斯图加特市的盾形市徽。“PORSCHE”字样在车标的最上方，表明这个车标为保时捷设计公司特有；车标中的“STUTTCART”字样在马的上方，说明公司的总部在斯图加特市；车标中间是一匹腾飞的骏马，表示斯图加特盛产名贵的种马；车标的左上方和右下方是鹿角的图案，表示斯图加特曾经是个狩猎的好地方；车标右上方和左下方的黄色条纹表示成熟的金黄色的麦子，寓意五谷丰登；车标中的黑色代表肥沃的土地，车标中的红色象征人们对大自然的热爱，正是因为美丽的斯图加特，保时捷才有了这样一幅寓意深刻、风景秀美的独特风景画，它记载了保时捷经历的风霜洗礼，也预示着保时捷会有更加辉煌的明天。

• 欧宝公司

“欧宝”曾被译为奥贝尔，取自创始人阿德母·奥贝尔的姓氏。欧宝的车标图案是一个圆圈和一道闪电，代表公司的先进技术进步和发展，像闪电一样划破长空，震撼世界，寓意欧宝汽车的力量和速度都是无与伦比的；欧宝公司永远充满着生机与活力。

欧宝公司始终采用最新的设计和最先进的制造技术生产汽车，并努力提供给消费者可接受的价格——追求优良的性价比，这正是以“闪电”为标志的欧宝品牌一直坚守的基本原则。不断进行技术创新，向广大社会群体提供价廉物美的产品成为今日欧宝理念的核心。

欧宝汽车车标

• 迈巴赫

迈巴赫品牌首创于20世纪20年代。被誉为“设计之王”的威廉·迈巴赫不仅是梅赛德斯-奔驰公司的三位主要创始人之一，更是世界首辆梅赛德斯-奔驰汽车的发明者之一。1919年，难舍汽车梦想的威廉·迈巴赫与其子卡尔·迈巴赫共同缔造了象征着完美和昂贵的轿车——迈巴赫。

迈巴赫汽车车标

迈巴赫具有传奇色彩的品牌标志由两个交叉的M围绕在一个球面三角形里组成。品牌创建伊始的两个M代表的是Maybach Motorenbau的缩写，而现在两个M代表的是Maybach Manufaktur的缩写。迈巴赫历史久远，经历过艰难时期。1941年，迈巴赫因为战争原因而被迫停产，从此进入了60年的沉睡期。截止到2002年5月初，戴姆勒-克莱斯勒集团成立，迈巴赫才正式复苏。有人将复苏后的迈巴赫定义为“德国的劳斯莱斯”，无论是外形的经典与优雅、奢华的内饰、出众的动力，还是最先进的电子控制系统，都突出了迈巴赫的豪华性、舒适性、娱乐性以及人性化的一面。

2. 美国车

• 福特汽车公司

福特汽车公司由亨利·福特创立于1903年，是世界上最大的汽车企业之一。1908年，福特汽车公司生产出世界上第一辆属于普通百姓的汽车——福特T型车，也是世界上首次采用流水线的生产方式生产汽车。这不仅使美国变成了“车轮上的国家”，而且也为世界汽车工业革命起到了巨大的推动作用，亨利·福特因此也被尊称为“为世界装上轮子的人”。

福特汽车车标

福特汽车的车标是用创始人亨利·福特的姓氏“Ford”来命名的。亨利·福特喜爱小动物，经常忙里偷闲访问动物专家，读有关动物的书籍和报纸，他在这一方面也有很深的造诣。

福特汽车的车标是蓝底白文的”Ford”字样，犹如一只可爱、温驯、雄健的小白兔在温馨的大自然中向前飞奔，也象征着福特汽车驰骋在世界各地，令人爱不释手。

• 通用汽车公司

1908年9月16日，威廉·杜兰特创建了美国通用汽车公司，总部设在美国的底特律。

通用公司在美国拥有雪佛兰、别克、凯迪拉克、旁蒂克、奥兹莫比尔、克尔维特和专门制造载货汽车的GMC等七个部分。此外，通用汽车公司在世界各地还有不少的分公司，其中通用欧洲公司最大，欧宝、莲花、奥克斯豪尔等公司也是非常有名的。通用汽车公司的车标“GM”取自其英文名称(General Motors Corporation)前两个单词的第一个大写字母。

通用汽车车标

美国通用汽车公司以其雄厚的实力，在汽车技术和产量上成为世界上首屈一指的汽车公司，因此，它也被称为“世界汽车巨人”。

• 旁蒂克

旁蒂克汽车公司原为奥克兰汽车公司，由爱德华·墨菲创建于1907年，并于两年后加入美国汽车通用公司，改名为旁蒂克汽车分部。因为旁蒂克在车身及内部机械设计上屡建奇功，经常引起世界汽车行业的轰动，从而成为通用公司最成功的部门。

旁蒂克汽车车标由两部分组成：字母“PONTIAC”取自美国密歇根州的一个地名；图形车标是被镶嵌在发动机散热器格栅上方带十字标记的箭头。十字形标记表示“旁蒂克”是通用汽车公司的重要成员，也象征旁蒂克汽车安全可靠，箭头则代表旁蒂克的技术超前和具有攻关精神。另外，旁蒂克火鸟轿车，还使用了一只抽象化了的鸟，象征旁蒂克分部的员工具有像火一样的热情和远大的志向。

旁蒂克汽车车标

• 别克

1903 年 5 月 19 日，大卫·别克在布里斯科兄弟的帮助下成立了别克汽车公司。1908 年，以别克汽车公司为中心，威廉·杜兰成立了美国通用汽车公司，它的产量达到 8820 辆，居美国第一。当美国通用汽车公司扩大之后，别克汽车是通用汽车公司的第二大部门。别克主要设计制造的是中档家庭轿车。

别克著名的“三盾”车标，是以一个圆圈中包含三个盾为基础的图案。三个颜色不同的盾，颜色从左到右依次是红、白、蓝，三个盾依次排列在不同的高度上，给人一种积极进取、不断攀登的感觉。它表示别克汽车采用顶级技术；也表示别克培养出来的人才都是无坚不摧、勇于攀登的勇士。它的由来可以直接追溯到汽车制造业的奠基人——苏格兰人大卫·邓巴·别克的家徽。

别克汽车车标

• 凯迪拉克

凯迪拉克汽车公司是由亨利·利兰德于 1902 年建立的。1909 年凯迪拉克汽车公司加入了通用汽车公司。凯迪拉克车标使用的是“冠”和“盾”的纹章图案。

“冠”上的七颗珍珠显示出凯迪拉克家族具有皇家贵族血统；“盾”则象征着凯迪拉克军队是一支金戈铁马、英勇善战、攻无不克、无坚不摧的英武之师。

凯迪拉克旧车标

“盾”被平分为四个等份。第二和第三等份有两根相互交叉的褐色棒，表示十字军战士在遥远的战场上拥有骑士般的勇猛。第一和第四等份中各有三只黑色的鸟，这两等份又被黑色棒一分为二，并把三只相同的鸟分开，两只在上，一只在下。这些鸟表示大胆和热情的基督教武士拥有智慧、富有、聪敏的头脑和完美的品德。“盾”中的各种颜色也有深刻的含义，红色象征着勇猛和大胆，银色象征纯洁、博爱、美德，黄色象征丰收和富有；蓝色象征创新和探险；黑色象征土地。凯迪拉克的盾形纹章表现了底特律城创始人祖先拥有勇气和荣誉。其车标喻示着凯迪拉克汽车的高贵、豪华、气派和潇洒，表示凯迪拉克汽车具有巨大的市场竞争能力。

凯迪拉克新车标

• 雪佛兰

雪佛兰(Chevrolet)汽车部原属于雪佛兰汽车公司，该公司是威廉·杜兰特和瑞士的赛车手、工程师路易斯·雪佛兰于1911年11月3日共同创建的。

1918年5月，雪佛兰并入了通用汽车公司，到现在为止，雪佛兰是通用汽车公司最大的部分。自1915年雪佛兰生产出第一辆汽车起，其产品销量一直在美国名列前茅，1940年就累计生产1500万辆（当时通用汽车公司累计生产汽车2500万辆），雪佛兰汽车被称为“地道的美国车”。

雪佛兰汽车车标

雪佛兰汽车车标由图形和文字两部分组成。文字就是“Chevrolet”，图形是抽象化了的蝴蝶领结，象征着雪佛兰汽车大方、气派和具有风度。

• 奥兹莫比尔

奥兹莫比尔（Oldsmobile）原为奥兹汽车公司，由兰塞姆·奥兹和弗兰克·克拉克于1897年8月31日共同建立。1908年11月12日，奥兹莫比尔并入通用汽车公司，更名为奥兹莫比尔部。

奥兹莫比尔的名称是由“Olds”和“mobile”组成的。“Olds”是创始人奥兹的姓，“mobile”在英文中是机动车的意思。奥兹莫比尔车标中的箭形图案代表公司积极向上和勇往直前的创新精神。

奥兹莫比尔汽车还有一个车标，是在一个红色底面上有一架简化了的飞机，周围绘有白色、黄色的花边，飞机象征该部积极向上和勇往直前的精神，也象征汽车像飞机那样快速而舒适。简化了的飞机也像一个箭头，代表着公司积极向上和勇往直前的创新精神。

奥兹莫比尔汽车车标

• 林肯

林肯汽车公司是亨利·利兰于1907年创立的，于1922年被福特汽车公司收购。林肯汽车是福特汽车公司拥有的第二个品牌。林肯汽车是第一个以总统的名字即阿伯拉罕·林肯命名的品牌，专为总统和国家元首生产高档轿车。林肯轿车车标是一个镶嵌在车头正中的长方形围绕的十字星，象征着尊严和庄重，表示林肯总统是美国联邦统一和废除奴隶制的启明星，也喻示林肯轿车将光辉灿烂。

林肯汽车车标

• 克莱斯勒汽车公司

克莱斯勒汽车公司（Chrysler）是以创始人沃尔特·克莱斯勒的姓氏命名的汽车公司，创建于1925年。

克莱斯勒五角星车标像一枚五角星勋章，它体现了克莱斯勒家族和公司员工们的远大理想和抱负，以及永无止境地追求在竞争中获胜的奋斗精神；五角星的五个部分表示五大洲的人们都在使用克莱斯勒汽车公司的汽车，克莱斯勒汽车公司的汽车遍及全世界。

克莱斯勒飞翼车标既包含了克莱斯勒品牌的内圆形商标，又增加了一对跃跃欲飞的翅膀，象征着克莱斯勒的欣欣向荣。

克莱斯勒以制造具有创新意识、工艺杰出、设计新颖的汽车而闻名于世；诱人的浪漫情

克莱斯勒五角星车标　　克莱斯勒飞翼车标

调，以人为本的精心设计且极富表现力的外观、细致入微的功能特性，长期以来不断为克莱斯勒品牌赢得业界的美誉以及汽车爱好者的关注和爱戴。

• 道奇

1914 年，道奇兄弟（约翰·弗兰西斯·道奇和霍瑞斯·埃尔金·道奇）创建了道奇（Dodge）汽车公司。起先，它归于福特汽车公司名下，之后于 1928 年加入克莱斯勒汽车公司，成为克莱斯勒汽车公司的一个分部。

“道奇”的文字车标采用道奇兄弟的姓氏“Dodge”，图形车标为一个五边形中有一只公羊头，既表示道奇车强壮彪悍、善于决斗，又表示道奇车朴实无华的平民倾向。

道奇汽车车标

• 鹰·吉普

鹰·吉普（Eagle Jeep）是美国克莱斯勒汽车公司专门生产轻型吉普车的部门，是克莱斯勒汽车公司接受美国汽车公司之后，于 1980 年成立的子公司。

鹰在美国被喻为神鸟，也是美国人对著名战斗机驾驶员的俚称。鹰·吉普的车标是一只鹰，表示该部有雄鹰的优秀品质，能够迎风斗险，勇攀技术高峰。

鹰·吉普汽车车标

• 普利茅斯

普利茅斯是克莱斯勒汽车公司的一个中级轿车品牌，是克莱斯勒汽车公司的分部。1927 年，克莱斯勒汽车公司创造普利茅斯商标，1959 年，世界上第一辆普利茅斯车 Valiant 问世。普利茅斯的英文 Plymouth 是英国一个著名港口的名字，当年一批僧侣乘坐“珠夫拉瓦”号帆船从这个港口到美国去，名字中有一帆风顺的含义，所以也有人将它叫做顺风牌。普利茅斯的车标图案就是当年僧侣曾乘坐过的帆船“珠夫拉瓦”号帆船的船帆图案，体现了普利茅斯的创造精神。

普利茅斯汽车车标

• 水星

水星品牌成立于 1939 年，当时美国社会正处于混乱时期，新的世界大战一触即发，水星品牌创始人艾德塞尔认为，应该推出一些更加大众化的车型，使汽车走进平民的生活中，因此，水星品牌应运而生。

1945 年，福特汽车公司将水星和林肯品牌结合，成立了林肯-水星分部，1949 年，水星有了自己的独立商标。不过，在第二次世界大战之后的十年里，水星品牌几乎没有诞生经典车型。虽然发展缓慢，但水星品牌已经开始慢慢地在美国积累名声。福特水星车系是用太阳系中的水星作为汽车的图形车标，其车标为在一个圆中有三个行星运行轨迹，能让人联想到福特汽车具有太空科技和超时空的创造力。

水星汽车车标

3. 英国车

• 阿斯顿·马丁

阿斯顿·马丁原是英国豪华轿车和跑车生产厂，由莱昂内尔·马丁和罗伯特·班福德创建于1913年，以生产敞篷旅行车、赛车和限量生产的跑车而闻名世界。该厂于1987年被美国福特汽车公司相中，收购了75%的股份，1994年7月福特汽车公司又收购了余下的股份，从此阿斯顿·马丁成为福特汽车的品牌之一。

阿斯顿·马丁汽车车标

阿斯顿·马丁的车标为一只展翅飞翔的大鹏，注有Aston Martin英文字样，喻示着公司像大鹏一样，具有从天而降的冲刺速度和远大的志向。

• 劳斯莱斯汽车公司

劳斯莱斯汽车公司是由劳斯汽车销售公司和莱斯汽车销售制造公司联合而成的，并以创始人亨利·莱斯(Henry Royce)和查理·劳斯(Charles Rolls)的姓氏命名。

劳斯莱斯的立体车标是一座众所周知的“飞天女神”雕像。劳斯莱斯的平面车标以两个重叠的“R”为中心，上面写有公司创始人劳斯(Rolls)的名字，下面是另一位创始人莱斯(Royce)的名字。两个“R”叠合在一起，说明两个人紧密合作，相互支持，寓意“你中有我，我中有你”的团结奋进、精诚合作、共同创业的精神。双“R”车标镶嵌在发动机散热器格栅上部，与“飞天女神”雕像相呼应。

两位创始人先后去世后，公司的继承人将双“R”车标由红色改为黑色，以表示纪念。

劳斯莱斯汽车车标

劳斯莱斯“飞天女神”雕塑

• 莲花汽车公司

莲花汽车公司由创始人柯林·查普曼于1952年1月1日成立于英国，是世界上著名的运动汽车生产厂家，与法拉利、保时捷一起并称为世界三大跑车制造商，在世界上享有盛誉。

莲花汽车的车标是在椭圆地板上镶嵌着抽象了的莲花造型，上面除了有“LOTUS”（莲花）的字样之外，还以创始人姓名全称(Colin Anthony Bruce Chapman)的A、C、B、C四个英文字母重叠在一起组成，这几个英文字母在车标的上方也凸显出创意为先、冒险至上的创

莲花汽车车标

业精神。

• 美洲豹

美洲豹(Jaguar,又译为美洲虎、捷豹)汽车公司由威廉·里昂斯于1922年创立。历经80余年的发展，美洲豹汽车不断将新技术融合于汽车制造中，以实现卓越性能和出色驾驶体验的完美结合。1989年，美洲豹被美国福特汽车公司兼并，成为福特汽车公司生产豪华轿车的重要基地。

美洲豹汽车车标

美洲豹车标为一只正在跳跃前扑的“美洲豹”雕塑，矫健勇猛，形神兼备，具有时代感与视觉冲击力。它既代表了公司的名称，又表现出向前奔驰的力量与速度，象征该车如美洲豹一样驰骋于世界各地。

• 宾利

宾利(Bentley)汽车公司是一家发迹于英国的豪华房车和GT车制造商，是由沃尔特·欧文·宾利(Waltar Owen Bentley)于1919年7月在英格兰创立的。1931年，宾利汽车公司被劳斯莱斯汽车公司兼并，但仍使用原来的名称和车标，兼并后的宾利汽车公司也生产豪华轿车。

宾利汽车车标

宾利汽车公司的车标是一只展翅翱翔的雄鹰，鹰的腹部有公司名称“Bentley”的第一个大写英文字母“B”。鹰形车标喻示着宾利汽车在全球有着无限的发展能力。那个展翅腾飞的“B”是宾利最强劲、永不妥协的标志，它呈现给世人的永远是动力、尊贵、典雅、舒适与精工细作的最完美结合。

• 迷你

迷你是BMW集团的一个独立品牌。诞生于1959年的MINI，设计别具一格。1961年，赛车工程师John Cooper将赛车血统注入汽车性能内，使实用别致的小车摇身变成赛车场上的传奇，自此成为英国车坛之宝。迷你在40年内销量超过500万台，不难看出，迷你已经引领了潮流，它让宝马变得更加强大。宝马集团投入上百万元的资金改造研发迷你，旧迷你时代已经结束了，2010年的新迷你车系，虽然名字没变，但是新潮的格调设计与包装让迷你在汽车行业中的分量又加重了许多。迷你也被英国人誉为“国车”。

迷你汽车车标

迷你汽车使用的车标是插上翅膀的车轮。

4. 意大利车

• 阿尔法·罗密欧

阿尔法·罗密欧创建于1910年，是意大利著名的高级轿车、跑车的汽车制造厂，其总部设在意大利北部工业城市米兰。1916年，出生于那不勒斯的尼古拉·罗密欧(Nicola Romeo)进入该车厂，并将自己的家族姓氏变成车厂的名称，也就有了今天的阿尔法·罗密欧。

阿尔法·罗密欧汽车的车标是将“ALFA ROMEO”置于两个嵌套的圆的上半部，中间是威斯康泰家族的徽章，现在也是

阿尔法·罗密欧汽车车标

米兰市的市徽。设计者综合两种米兰市的标识而创造了一个徽标：红色的十字是米兰城盾形徽章的一部分，用来纪念古代为保卫家园、捍卫领土的东征十字军的骑士，吃人的龙形蛇(biscoine)图案则来自当地一个古老贵族家族的家徽，象征着中世纪米兰领土维斯康泰公爵的祖先击退使城市人民遭受苦难的“龙蛇”的传说。貌似这两个故事之间没有什么联系，但是正是这种没有联系的简单组合却成为了汽车界最著名的车标之一。

● 法拉利汽车公司

1929 年，世界赛车冠军、划时代的汽车设计大师恩佐·法拉利创造了法拉利汽车公司，该公司总部位于意大利摩德纳附近的马拉内罗，主要是赞助车手及生产赛车。1947 年，法拉利汽车公司开始独立生产汽车，之后便有了今天的规模。

法拉利汽车车标

法拉利的车标还有一段故事：在第一次世界大战中为了保护祖国的领空而捐躯的意大利空军英雄的双亲，看见法拉利赛车驰骋赛道的无敌神采，宛如爱子驾驭领空的矫健身姿，于是恳请法拉利将原来印在其爱子座驾上的“跃马”标志，镶嵌在法拉利车系上。法拉利欣然接受了这个建议，并在“跃马”的顶端，加上意大利的国徽为“天”，再将“法拉利”横写字体串连成“地”，最后以蒙达那市的代表颜色——黄色，全幅展现出“天地之间，任我驰骋”的豪迈图腾。

● 玛莎拉蒂汽车公司

玛莎拉蒂汽车公司是由玛莎拉蒂(Maserati)家族四兄弟，于 1914 年在意大利的科隆纳创建的，公司以生产高级赛车而著名，在欧洲有很高的知名度。它的外观造型、机械性能、舒适安全性等各方面，在运动车中都是一流的。

玛莎拉蒂汽车的车标是在树叶形的底座上放置的一件三叉戟，相传这是罗马神话中的海神纳丘(在希腊神话中则被称为波塞顿海神)手中的武器，象征着至高无上的权力。这是公司所在地意大利博洛尼亚市的市徽。这个车标表示玛莎拉蒂汽车就像浩渺无垠的大海一样咆哮澎湃，隐喻了玛莎拉蒂汽车具有的快速奔驰的潜力。

玛莎拉蒂汽车车标

● 蓝旗亚

蓝旗亚汽车公司建于 1906 年，创始人是文森佐·蓝旗亚，其总部设在意大利工业城都灵，是菲亚特旗下的一个知名品牌。这个在中国不多见的品牌已经有 60 年的历史了。

蓝旗亚车标的含义是取自蓝旗亚的创始人之一维琴佐·蓝旗亚的姓氏，还有一种解释就是“蓝旗亚”在意大利语中意为“长矛”。骑着一匹骏马，手里拿着旗子及长矛者，是中世纪意大利骑士的主要特征。其车标最早的图案是在旗子的后面加上圆形的车轮图像，20 世纪 50 年代的时候才把图案改为放置在框架中间。

蓝旗亚汽车车标

• 菲亚特汽车公司

菲亚特公司的车标几经变迁，最初是盾形的，自 1899 年创立意大利汽车公司时开始使用。意大利都灵汽车厂于 1906 年成立，其车标采用了该厂名中意大利文四个单词的第一个字母 F、I、A 和 T，这就是菲亚特的来源。1918 年，公司决定取消字母中所加的标点，即写成 Fiat 或 FIAT，1921 年又出现圆形的 FIAT 车标，1931 年开始使用矩形的 FIAT 车标。为统一车头上的字体，现在菲亚特车标都是采用矩形车标。

菲亚特汽车车标

• 兰博基尼

兰博基尼汽车有限公司（Automobili Lamborghini S. p. A.）是一家坐落于意大利圣亚加塔·波隆尼的超级跑车制造公司。1963 年，费鲁吉欧·兰博基尼设立该公司。

兰博基尼汽车有限公司的车标是一头蛮劲十足的斗牛，它充满力量，正准备冲击。据说兰博基尼本人就是这种不甘示弱的牛脾气。该车标体现了兰博基尼公司产品的特点：挑战极限、高傲不凡、豪放不羁、与众不同。因为公司生产的汽车都是大功率、高速的运动型跑车。车头和车尾上的车标均省去了公司名，只剩下一头犟牛。

兰博基尼汽车车标

5. 法国车

• 雪铁龙汽车公司

雪铁龙汽车公司是法国第三大汽车公司，它创立于 1915 年，创始人是安德烈·雪铁龙。该公司的主要产品是小客车和经典轻型载货车。雪铁龙公司总部设在法国巴黎，雇员总数为 5 万人左右，可年产汽车 90 万辆。

雪铁龙的车名是以其创始人安德烈·雪铁龙的姓氏命名的。由于雪铁龙汽车公司前身为雪铁龙齿轮公司，所以公司的车标用齿轮为背景，由人字形轮齿构成，象征着人们密切合作，同心协力，步步高升。

雪铁龙汽车车标

• 雷诺汽车公司

雷诺汽车公司是法国第二大汽车公司，经历了一个多世纪的洗礼，始建于 1898 年，创始人是路易斯·雷诺。如今，雷诺汽车公司已经被收为国有，是法国最大的国有企业。其生产的车辆种类很丰富，除小客车和载货车外，各种改装车、特种车应有尽有，在十大汽车公司中也是独此一家。公司的总部设在法国比杨古。

雷诺的车标是四重菱形图案，象征着雷诺三兄弟和汽车工业融为一体，喻示雷诺能在无限的四维空间中竞争、生存和发展。

雷诺汽车车标

• 标致汽车公司

标致（PEUGEOT）是由创始人阿尔芒·标致于 1890 年在法国巴黎创建的，是法国最大的汽车公司。法国标致汽车公司历史悠久，堪称百年老号，其生产汽车的历史仅仅次于汽车的鼻祖梅赛德斯-奔驰，但是标致汽车公司的历史却是从一些不起眼的小百货开始的。1976 年 4 月，标致汽车公司取得米其林公司掌握的雪铁龙 90% 的股份，作为交换，米其林公司获得 10% 的标致汽车公司的股份。至此，“PSA 标致雪铁龙”控股公司成立。标致汽车公司目前是世界五大汽车公司，是世界五百强企业。

标致汽车车标

标致的车标是一只站立的狮子，雄狮是标致家族的徽章，也是梦贝利亚尔省的省徽。标致的这尊小狮子十分别致，它那简洁、明快、刚劲的线条，象征着更为完美、更为成熟的标致汽车。这独特的造型，既突出了力量，又强调了节奏，更富有时代气息。

6. 瑞典车

- 萨博

萨博公司创建于 1901 年。SAAB(最初全称为 Svenska Aeroplan Aktiebolaget,即瑞典飞机公司)原先是一家军用飞机制造公司。后来瑞典飞机公司合并了只生产载货汽车的斯堪尼亚(SCANIA)公司，成为一家生产轿车、货车、飞机、计算机等产品的综合性集团公司。

萨博公司的车标正中是一头戴王冠的狮子头像，王冠象征着轿车的高贵，狮子则为欧洲人崇尚的权利的象征。狮身鹫首的怪兽图案象征着一种警觉，这是瑞典南部两个县流行的象征图案，而萨博汽车和航行器的生产就起源于这里。该车标的设计者为瑞典艺术家 Carl Fredrik Reutersward。萨博汽车重新设计了蓝色小圆盘，现在融进了 SAAB 传统的狮身鹫首怪兽的纹章以及“SAAB”的标识字母。其风格整体一致，整齐划一。

萨博汽车车标

- 沃尔沃

沃尔沃(VOLVO)汽车公司由古斯塔夫·拉尔森和阿萨尔·加布里尔森创立于 1924 年，它是北欧最大的汽车企业，也是瑞典最大的工业企业集团，是世界 20 大汽车公司之一。沃尔沃汽车以质量和性能优异在北欧享有很高的声誉，特别是在安全系统方面，沃尔沃汽车公司更有其独到之处，并一跃成为北欧最大的公司。

沃尔沃车标由三部分组成。第一部分的圆圈代表罗马战神玛尔斯，它同时也是瑞典钢铁工业的象征；第二部分为对角线，其目的是将玛尔斯符号固定在格栅之上，也是沃尔沃汽车最为明显的标志；第三部分是沃尔沃公司名称注册商标，它采用古埃及字体。沃尔沃汽车就像它在拉丁语里“滚滚向前”的意思一样，不断前进，行驶在全球的每一个角落，行驶在人类汽车工业的历史上，成为安全、豪华汽车品牌的经典。

沃尔沃汽车车标

7. 捷克车

- 斯柯达

斯柯达(SKODA)是一家总部位于捷克姆拉达-博莱斯拉夫的汽车公司，是捷克最大的汽车公司，也是世界上历史最悠久的四家汽车生产商之一。斯柯达汽车以高性价比、坚实耐用、高安全性、优良的操控性及舒适性成功地打入了欧洲、亚洲、中东、南美洲、非洲等地区，备受广大消费者的青睐。

斯柯达汽车车标由朱黑的外环围绕着，象征着斯柯达由百余年汽车历史浓缩的浓厚的汽车文化底蕴；三支羽毛象征着斯柯达的翅膀，意味着斯柯达将不断地把技术创新的产品带到全世界各地；飞翔的箭则象征着无限的想象力和创造力，以及斯柯达所代表的先进的汽车生产工艺。同时，这支飞翔之箭也表达出斯柯达永不停留的创新精神和实现最高目标的强烈愿望；斯柯达车标绿色的底色寓意无限活力与生命力，正是这种品牌内涵使其经过了百年的风霜洗礼却依然青春永驻。同时，车标中的绿色则是向人们表明斯柯达血脉中那份强烈的社会责任感。

斯柯达汽车车标

8. 日本车

• 丰田汽车公司

丰田汽车公司是丰田喜一郎于1933年创立的，已由当年的纺织公司发展成为以汽车生产为主，业务涉及电子、机械、金融、钢铁、机床农药、电子、纺织机械、纤维织品、家庭日用品、化工、化学、建筑机械及建筑业等。丰田汽车公司总部设在日本爱知县丰田市和东京都文京区的汽车工业制造公司，其前身为日本大井公司，隶属于日本三井产业财阀。丰田是世界十大汽车工业公司之一。

丰田汽车车标

日语“丰田”在英语中被拼写为TOYOTA。丰田汽车公司的三个椭圆的标志是从1990年初开始使用的，三个椭圆巧妙而又自然地融合在一起，同时又具有很强的空间感，车标中的大椭圆代表地球，中间由两个椭圆垂直组合成的“T”字最大限度地占据了外面大椭圆的空间，寓意着丰田汽车公司要将自己的技术、产品推向世界，也象征着丰田汽车公司立足于未来，对未来的信心和雄心，还象征着丰田汽车公司，对客户尽善尽美。

• 雷克萨斯

雷克萨斯又叫凌志，是日本丰田汽车公司旗下的豪华品牌，凌志是丰田汽车公司花费3.5万美元请一家起名公司帮忙设计并运用的。2004年6月8日，丰田汽车公司在北京宣布将Lexus的中文译名由“凌志”改为“雷克萨斯”。20世纪90年代，雷克萨斯就像一匹黑马，以与众不同的风格跃入人们的眼帘，以不同凡响的车标“L”标新立异。

雷克萨斯汽车车标

雷克萨斯的车标由图形商标和文字商标两部分组成。它的图形车标不是采用常见的三个椭圆相互嵌套的形式，而是一个椭圆中镶嵌英文“Lexus”的第一个大写字母“L”，并被镶嵌在散热器的正中间；车尾标有文字商标“Lexus”，喻示着该车驰骋在世界各地的道路上。

• 本田汽车公司

本田车名源自1948年本田宗一郎的本田摩托车公司。“本田”即本田宗一郎的姓氏。本田汽车公司在20世纪80年代成立了商标设计研究院，从来自世界各地的2500多件设计图稿中，确定了现在的三弦音箱式车标，也就是带框的“H”。图案中的“H”是“本田”拼音Honda的第一个字母，这个车标把技术创新、团结向上、经营有力、紧张感和轻松感体现得淋漓尽致。

本田汽车车标

• 讴歌

讴歌(Acura)是本田旗下的一个子品牌，属于豪华车品牌。讴歌是本田汽车公司为了角逐北美的高档汽车市场，于1986年创立的旗舰品牌，是日本企业在海外市场树立的第一个高档品牌。

讴歌汽车车标的图案是一个机械的卡钳，寓意讴歌对细节的关注和技术的精湛。在全球网络化的时代，“@”符号世人皆知。有意思的是，如果将“a”换成“A”，那么它就变成了风靡北美的豪华品牌Acura(讴歌)的标志。

讴歌汽车车标

• 日产汽车公司

“NISSAN”是日语“日产”两个字的拼音形式，是日本产业的简称。日产汽车公司的前身是1933年12月26日日本产业公司与户畑铸造公司联合成立的制造公司，该公司当年就开始生产汽车，于1934年正式更名为日产汽车公司，总部设在东京。

日产汽车的车标以简洁明了的圆表示太阳，中间长方形以及其上的字是日产的拼写形式“NISSAN”，整个图案表明了日产汽车公司位于“日出之国”的日本。

日产汽车车标

• 斯巴鲁

斯巴鲁(SUBARU)也称“富士”，是富士重工业株式会社(FHI)旗下专业从事汽车制造的一家分公司，成立于1953年，最初主要生产汽车，同时也制造飞机和各种发动机，是生产多种类型、多用途运输设备的制造商。

斯巴鲁是昴宿星团(也称“六连星”)名字的日语发音。在希腊神话中，宇宙之主宙斯把顶天巨神的七个女儿变成鸽子，为了使她们避免遭到猎人的射杀，就把她们放到了昴宿星团上。但是人们看到的只有六颗星，第七颗星去哪里了至今仍然是个谜。斯巴鲁公司采用“六连星”的图案作为斯巴鲁的车标，代表斯巴鲁是由六家公司合并而成的，象征着公司间的紧密团结和共同奋进的精神。

斯巴鲁汽车车标

• 马自达汽车有限公司

马自达，全称马自达汽车有限公司，日本第四大汽车制造商，是世界著名汽车品牌，是世界上唯一研发和生产转子发动机的汽车公司。其总部位于广岛，生产的车辆主要销往亚洲、欧洲和北美。

汽车界一直流传马自达是依据其创始人松田的姓氏翻译过来的，其实这绝对是个误传，

“松田”的英文拼写是“MATSUDA”并非“MAZDA”，“MAZDA”是一个英文词汇（不是英文名），确实跟“松田”有关，但并不是“松田”的翻译。所以 MAZDA 汽车不能翻译成松田汽车。创始人松田不想给汽车公司起一个纯日本的名字，所以才没像丰田或者本田那样用自己名字的英文拼写作为公司的商标。而是用了一个与自己姓氏最接近的英文单词，最终选中了“MAZDA”，其实它跟松田的发音是一样的。马自达汽车有限公司与福特汽车公司合作之后，采用了新的车标，椭圆中展翅飞翔的海鸥，同时又组成“M”字样。“M”是“MAZDA”的第一个大写字母，预示该公司将展翅高飞，以无穷的创意和真诚的服务，迈向未来。

马自达汽车车标

• 三菱汽车公司

三菱汽车公司总部位于日本东京，是日本第五大汽车制造商，全球第 15 大汽车制造商，主要生产私家车及轻型商用车辆。

三菱的车标从 1873 年三菱集团创始人岩崎弥太郎在设立三菱商会时便开始使用了，已经有一百多年的历史。那时候该车标还是三片树叶，经过多年的演变，三片树叶已变成今天的三个菱形，这是三菱车厂创始人家族的徽号，表达了感恩社会、报答社会是三菱人共同的责任，并将遵循原则、诚实公平作为企业的准则。

三菱汽车车标

9. 韩国车

• 现代公司

现代公司是韩国当前最大的汽车公司，也是世界 20 大汽车公司之一，在国际车坛有着举足轻重的地位。该公司创立于 1967 年，创始人是郑周永。公司总部设在韩国首尔。

现代公司的汽车车标图案是在椭圆中采用斜体字“H”，“H”是现代公司英文名 HYUNDAI 的首个字母。椭圆既代表地球又代表转向盘，这两个图案组合在一起，喻示着韩国现代汽车将遍布世界。

现代汽车车标

• 大宇汽车公司

韩国大宇是韩国第二大汽车生产企业，创始人是金宇中，位于仁川市。1967 年，金宇中创建新韩公司，后改为新进公司，1983 年改为大宇汽车公司。它是韩国大宇集团的骨干企业。

大宇汽车公司使用形似地球和正在开放的花朵作为新一代大宇的车标。大宇标志象征高速公路大动脉向未来无限延伸，表现了大宇对未来的憧憬和其良好的发展前途；椭圆代表世界、宇宙；向上展开的花朵体现了大宇的创造力及挑战意识。整个车标表现了大宇家族的智慧及具有创造、挑战、牺牲的企业精神，表现出大宇集团的誓言在车坛屹立不倒的风范。

大宇汽车车标

10. 中国车

• 红旗

红旗车标包括前车标、后车标和侧车标。前车标是一面红旗，后车标是“红旗”两个汉字。最早的CA72在翼子板一侧标有并排五面小红旗，代表工农商学兵。

现在的红旗图形车标立在发动机盖的前端；另一车标是在椭圆中有一带羽毛的“1”，表示“中国第一汽车集团”。该车标镶嵌在散热器的正中央；文字“红旗”车标则标注在车尾。红旗新车标以“第一”的“一”字形为依托，将代表全球的椭圆与“1”字形有机结合起来，构成简洁、流畅、活泼的造型，强调了“第一”的品牌名称及其意义。

红旗汽车车标

- 天津一汽夏利汽车股份有限公司

夏利轿车早在20世纪80年代初期就在我国风靡一时，无论是从车型还是从价格方面都符合我国国情。天津汽车工业(集团)有限公司是我国百家建立现代企业制度试点单位之一和国家120家企业集团试点单位之一，是集自主研发、生产销售、对外融资、外贸、服务一体化并进行资产经营的国有特大型汽车生产企业。天津汽车工业(集团)有限公司是主要生产轿车、微型车的基地。1986年，该公司引进日本大发工业技术开始生产天津夏利轿车、华利微型车、三峰旅行车和雁牌轻型货车以及各类专用汽车、铁牛牌大中型轮式系列拖拉机和汽车发动机等各种汽车、拖拉机零部件。

夏利汽车车标

夏利车名的由来是由日文音译为夏来多，而确立的中文名字为夏利得，后又被改成夏利两个字。其车标在1997年采用了横竖立交桥的图案，意为高速公路纵贯南北，也象征着夏利轿车驰骋在各个国家的高速公路上。

- 比亚迪股份有限公司

比亚迪股份有限公司由王传福创立于1995年，起步时的规模仅有20多人，在十年间，比亚迪公司成为IT及电子零部件的世界级设计研发企业。目前，比亚迪在全国范围内，已在广东、北京、陕西、上海等地共建有九大生产基地，总面积将近700万m^2，并在美国、欧洲、日本、韩国、印度等地设有分公司，现有员工总数已超过15万人。比亚迪在整车制造、汽车模具的研发等方面都达到了国际的领先水平，日渐完善的产业格局已经成为国内最具创新的精锐品牌。比亚迪汽车产品包括高、中、低端燃油轿车和双模电动汽车及纯电动汽车等。

比亚迪汽车车标

比亚迪新车标不再沿用原有的蓝白相间色，图案改为椭圆形，并加入了光影元素。在字体的排列、图形的颜色等方面都发生了巨大的变化，突出了比亚迪汽车的创新、高科技和企业文化的精髓，为比亚迪品牌注入了新的内涵和活力。

- 奇瑞汽车有限公司

奇瑞汽车有限公司于1997年1月8日创立。奇瑞公司旗下现有奇瑞、瑞麒、威麟和开瑞四个子品牌，产品覆盖乘用车、商用车、微型车领域，并且以节能、科技、环保、安全为公司发展的目标。多年来奇瑞深受消费者的青睐，从而连续十年蝉联中国自主品牌销量冠军，连续八年成为中国最大的乘用车出口企业。

奇，有“特别”的意思；瑞，有“吉祥、如意”的意思，合起来就是“特别的吉祥如意”，蕴藏了中国的文化底蕴。奇瑞车标的整体是英文字母“CAC”的一种艺术排列方式，CAC 即英文 CHERY AUTOMOBILE CORPORATION LIMITED 的缩写，中文意思是奇瑞汽车有限公司；标志中间的“A”为一个变体的“人”字，表现出公司以人为本的经营理念。徽标两边的“C”向上环绕，如同人的两个臂膀，表示人只有在集体中才会发挥出自己的力量；中间的“A”在椭圆上方的断开处向上延伸，寓意奇瑞公司向上发展，有着无穷无尽的潜力。

奇瑞汽车车标

• 吉利控股集团有限公司

浙江吉利控股集团有限公司是李书福于 1963 年创建的，是中国发展最早也是发展最快的汽车民营企业，经过 20 多年的发展和建设，吉利集团在汽车、摩托车、汽车发动机、变速器、汽车零部件、高等教育、装潢材料的制造等方面都取得了可喜的成绩。

吉利汽车车标中的椭圆形象征地球，表示吉利汽车将面向世界，走向国际车坛，表示吉利的事业蒸蒸日上，无论遇到多大的风雨吉利都能毅力不倒，稳步向前。

吉利汽车车标

吉利推出的四大子品牌，分别是英伦、华普、帝豪、全球鹰，代表了不同的品牌诉求。

• 全球鹰

2008 年 11 月 6 日，吉利正式发布全新的子品牌 GLEAGLE——全球鹰。这是吉利汽车战略转型之品牌战略转型的重要举措。在 2008 年的广州车展上，吉利熊猫作为“全球鹰”品牌下的首款车型正式上市。全球鹰象征“时尚、激情、梦想”。

吉利“全球鹰”车标的整体外廓为椭圆形，是兼具动态和稳固特征的图形，象征着全球化的背景，喻示吉利在全球市场动态平稳发展的前景。椭圆形状呈掎角之势，意喻吉利开拓、奋进、忠诚和具有使命感。车标中间部分为吉利首字母“G”的变体，同时又是阿拉伯数字“6”的形状，“6”在中国传统文化中含有“吉祥顺利”的寓意。全球鹰造型昭示着在新的阶段，吉利正以全新的激情和姿态，蓄势待发，并在不断的自我雕琢中崭露头角。

全球鹰汽车车标

• 帝豪

帝豪(EMGRAND)，象征“豪华、稳健、力量”，是吉利汽车在吉利母品牌之下构建的一个子品牌。帝豪品牌对吉利汽车既有传承亦有突破，其车标设计高贵、典雅，透露着浓郁的国际化特质，在甩掉吉利原有历史印象包袱的同时，也传承了优秀的固有文化基因。稳重、高贵的车标内涵将卓有成效地为帝豪品牌开拓广阔而稳定的全新市场而助力。

帝豪汽车车标

帝豪以“豪华、稳健、力量”为品牌主张，代表了吉利汽车安全、节能、环保的发展方向。如果说吉利现有车型还处于追随跨国公司的话，帝豪旗下的车型将扮演超越者的角色，其将整合全球资源，以最具竞争力的性价比向消费者提供最安全、环保的自主高档轿车。

- 华普

“SMA”是上海华普汽车有限公司“SHANGHAI MAPLE AUTOMOBILE”的英文缩写。

华普的车标形似枫叶，寓意深远。车标中心是一片向上的枫叶，象征华普的事业根植于上海枫泾，华普将从枫出发，走向全国，走向世界；中间最高的主叶，象征华普人以用户至上为至高理念，左右两片辅叶代表华普汽车以品质为本，以服务为先的经营理念，并以人本、务实、诚信共赢理念为支撑，大力弘扬海派文化；蓝色的边底，象征华普人拥有海一般的胸怀，能够吸纳国内外的贤人志士与先进科技，以发达华普；光大华普；车标中的双圆像车轮，象征华普人励精图治、创新拼搏，能够不断追求完美，不断创造新的不朽业绩。

华普汽车车标

- 英伦

英伦汽车，源自于英伦的百年品牌，融汇了璀璨的全球智慧，是中英合璧的标志，是恒久经典的代言，是亲切柔美的象征。

英伦汽车的车标采用中国传统的太极图形状，其中所运用的特征元素分别取材于中英两国文化。英国标志性雕像“不列颠尼亚女神”是英国的化身，反映出英伦品牌的英国历史背景和文化根基；星形图案使人联想到中国国旗上的五星；六段线条源自于吉利集团六六大顺的标志，象征着幸运和财富，也寓意“团队精神、学习精神、创新精神、拼搏精神、实事求是、精益求精”等吉利精神。热情的红、浩瀚的蓝、雍容的暗金、智慧的黑、配合风格经典、流畅自如的“ENGLON”字体，带给人无限的联想空间，英伦品牌美好亲切的气度、英伦经典的魅力跃然而出，体现了英伦品牌不断开拓创新、放眼全球的战略目标。其车标外廓为圆形，彰显圆润、和谐，传统与现代相得益彰；整体形象代表东西方文化的完美融合，展现底蕴深厚的文化内涵，传递英伦中西合璧的背景，高贵亲切的气度，源于经典但不止于经典、不断进取的品牌个性。

英伦汽车车标

- 荣威

荣威(ROEWE)是上海汽车工业(集团)总公司旗下的一款汽车品牌，于2006年10月推出。

荣威车标图案的设计，整体结构是一个稳固而坚定的盾形，寓意其产品可信赖的品质及上海汽车自主创新、向国际化发展的坚定决心与意志。商标由红、黑、金三个主要色调构成，这是中国最经典、最具内蕴的三个色系，红色代表中国传统的热烈与喜庆，金色代表中国的富贵，黑色则象征威仪和庄重。车标中有两只站立的东方雄狮，双狮图案以直观的艺术化手法，展现出尊贵、威仪、睿智的强者气度；图案中间是双狮护卫着的华表。华表是中华文化中的经典图腾符号，不仅蕴含了民族的威仪，同时具有高瞻远瞩，祈福社稷繁荣、和谐发展的寓意。图案下方用

荣威汽车车标

现代手法绘成的符号是字母“RW”的融合，是品牌名称的缩写，同时“RW”在古埃及语中亦代表狮子。此外，图案的底部为对称分割的四个红黑色块，暗含着阴阳变化的玄机，代表了求新求变、不断创新与超越的企业意志，充分体现了经典、尊贵、具有内蕴的气质，并突出体现了中国传统元素与现代构图形式相融合的创意思路。

附录B　常用的汽车软件知识

对于一名汽车销售顾问来说，掌握包括新车手续办理、汽车保险、汽车贷款等与汽车相关的常用软件知识是必要的。但要注意的是，每个品牌，每个4S店，都会有一些具体的规定，汽车销售顾问要根据这些具体规定来进行自己的工作。

一、新车手续办理

一般情况下，购买一辆新车，从验证到正式上路，要经过工商验证、缴纳购置附加费、办理移动证、办理保险、进行车辆检验、领取牌照等十几道程序以及工商、交通、车管所等七八个部门。很多客户都抱怨过办理新车手续太过复杂，一下要跑到这，一下又要跑到那，既费时又费力，因此，很多4S店已经开始提供流水作业购车形式的一条龙服务，这也成为了各个品牌的一种竞争手段。

第一步：购车

1）个人购车提供身份证，单位购车提供企业法人代码证，国有企业购车还需要提供“控办”指标。

2）军人购车，需部队出具本人姓名、单位、住址说明。

汽车4S店需提供以下合法证明：

1）正规的购车发票。

2）厂家提供的汽车质量合格证。

3）进口车需提供海关货物进口证明、商检证明。

第二步：工商验证

购车后，需持购车发票和购车合同到工商局所属的机动车管理所办理发票验证手续，并在发票上加盖验证章。

办理工商验证需提交以下资料：

1）购车发票。

2）汽车质量合格证。

3）单位代码或个人身份证。

4）进口车需提供海关货物进口证明或罚没证明、商检证明。

5）罚没车需出示罚没证明。

6）凡车价差异较大需由售车单位出具证明。

第三步：办移动证

没有牌照的车辆是不能上路的。因此，在领取正式牌照之前，还需要到所在区、县的交通大队办理车辆移动证。本地车需要办理了移动证才能上路行驶，外地车还需要办理“临时牌照”才可以上路。

办理移动证时，需提供以下资料：

1）个人身份证。

2）单位购车需提供企业法人代码证和公章。

3）购车发票。

4）进口车需提供海关货物进口证明或罚没证明、商检证明。

第四步：缴纳购置附加费

汽车是高档消费品，因此还必须到交通部门指定的车辆购置附加费征稽管理处缴纳购置附加费。

国产车的购置费是车价扣除增值税后金额的10%。

计算公式为

$$购置费 = 车价 \div 1.17 \times 10\%$$

进口车的购置费为进口环节各项税费组成的计税价格的10%。

计算公式为

$$购置费 = 计税价格 \times 10\%$$

缴纳附加费时，需提供以下资料：

1）个人购车提供身份证，单位购车提供企业法人代码证，属国家控制车辆还需提供控办“准购证”。

2）工商验证发票原件及复印件两张。

3）汽车质量合格证。

4）进口车需提供海关货物进口证明或罚没证明、商检证明。

第五步：上保险

在当下交通发达的时期，汽车出事率也是比较高的，容易给他人带来伤害。因此在购买新车之后，必须承担第三者责任险，其他险种可酌情处理。车主可在保险公司或市场内的保险代办处交纳保费。

办理保险时需提供身份证或法人代码证、购置发票。

第六步：验车

新车需经车辆检测场检验合格后才能领牌。验车场由车管所指定。检验合格后填发由驻场民警签字的机动车登记表。

验车时需带齐的证件有：

1）车主身份证或法人代码证。

2）车辆合格证。

3）进口车需出示商检证书、进口单和车管所核发的准验单。

第七步：领取牌照

在完成上述程序之后，就可以到指定的车管所领取牌照。

领取牌照时所需要提供的资料有：

1）购车发票（进口车需出示商检证书、进口单和车管所核发的准验单）。

2）车辆合格证。

3）占地证明（停车泊位证明）。

4）个人购车提供身份证，单位购车提供企业法人代码证，属国家控制车辆还需提供控办“准购证”。

5）购置附加费证。

6）验车合格的机动车登记表。

注意，在领取牌照时需要车主本人亲自到场。在领回牌照的同时，还能领到“检”字和临时行车执照。临时行车执照替代行驶证使用，同时供下一步备案新车和办理正式行驶证时使用。

第八步：保险公司登记车牌号

尽快把新车车牌号通知保险公司是很有必要的，《机动车辆保险条款》中规定：保险车辆必须有交通管理部门核发的行驶证和号牌，否则本保险单无效。

车主最好是亲自到保险公司书面登机牌照号码。如果保险委托人很在行而且很负责，也可以由委托人登记牌照号码。

第九步：新车备案

新车领回牌照之后，应先备案然后再办理行驶证。备案地点是所在地的安委会。备案时需带车主身份证明和临时行车执照。

第十步：缴纳养路费

到车主所在地养路费征稽所缴纳养路费。

第十一步：办理行驶证

在领取牌照三天之后才可以办理行驶证，办理时需准备两张新车照片，并到相应的车管所办理。需带的资料有两张新车照片、临时行车执照、备案卡、车主身份证和养路费缴费凭证。

第十二步：新车建档

新车建档是在购置附加费征稽所进行的，建档之后，办理人员将在购置附加费证上加盖“已建档”的章。

第十三步：缴纳车船使用税

新车领回行驶证之后，应带上购车发票和行驶证，尽快去所在地税务局(或购车时在其驻场代征处)交纳车船使用税，领取“税”字牌。

二、汽车贷款

汽车作为大宗消费品，很多消费者在购车时会选择贷款。那么，什么是汽车消费贷款？贷款购车时又有哪些注意事项呢？

1. 汽车消费贷款

汽车消费贷款是指银行对在其特约经销商处购买汽车的借款人发放的人民币担保贷款。

2. 贷款条件

1）自然人

① 年满十八周岁，具有完全民事行为能力的中国公民，重点是具有较高稳定收入的消费群体。

② 具有稳定的职业和经济收入或易于变现的资产，足以按期偿还贷款本息。易于变现的资产就是指有价证券，包括国库券(固定面额的国库券或凭证式国库券)、金融债券、重点建设债券和银行个人存单等。

③ 在申请贷款期间有不低于银行规定的购车首期款存取经办行储蓄专柜。

④ 提供贷款行认可的资产进行抵押或质押，或有符合规定和条件的保证人为其担保。

不接受其以贷款所购车辆设定的抵押。

⑤ 愿意接受银行认为必要的其他条件。

2）法人

① 具有偿还贷款的能力。

② 在申请贷款期间有不低于银行规定的购车首期款存入经办行会计部门。

③ 提供银行认可的担保。

④ 愿意接受银行认为必要的其他条件。

3. 办理

1）借款人提出申请

① 自然人申请贷款需准备的资料有：

- 汽车消费贷款申请书(自然人)。
- 居民身份证、户口簿、居民委员会(村民委员会)证明。
- 已婚者应当提供配偶的上述资料。上述资料都需要原件和复印件。
- 有关收入证明，包括工资收入证明、出租车经营指标等。
- 与银行特约经销商签订的购车合同或协议。
- 抵押物、质物清单和有处分权人同意的抵押、质押证明，此外，抵押物还需提交所有权或使用权证书、估价、保险文件，质物还需提供权利凭证，保证人同意保证的文件。
- 储蓄专柜开出的购车首期存款证明(存折)。
- 其他材料。

② 法人申请贷款需准备的资料：

- 汽车消费贷款申请书(法人)。
- 企业法人营业执照或事业法人执照、法人代码证、法定代表人证明文件、法定代表人身份证复印件。
- 企业法人应当提供人民银行颁发的贷款证、经会计(审计)师事务所审计的上一年度的财务报告及上一个月的资产负债表、损益表和现金流量表。
- 与银行特约经销商签订的购车合同或协议、抵押物、质物清单和有处分权人同意的抵押、质押证明，此外，抵押物还需提交所有权或使用权证书、估价、保险文件，质物还需提供权利凭证，保证人同意保证的文件。
- 由经办行会计部门开出的购车首期专户存款证明和其他材料，如董事会决议等。

2）贷款银行审批　经办行应在贷款申请受理后十五个工作日内通知借款人是否符合贷款条件，并说明理由。

3）符合条件则办理相关手续、签订借款合同。

4. 担保方式

汽车消费贷款可以采取三种担保方式：

1）抵押

2）质押

3）保证(第三方担保和保险公司履约保险)。

5. 发放期限

不同品牌的车辆其最长贷款期限不同。

1）法人借款期限最长不超过三年(含三年)。

2）自然人借款期限最长不超过五年(含五年)。

3）所购车辆用于出租营运、汽车租赁、客货运输等经营用途的，最长期限不得超过两年(含两年)。

6. 贷款利率

汽车贷款利率执行中国人民银行规定的同期贷款利率，并随利率调整一年一定。如遇国家在年度中调整利率，新签订的借款合同按中国银行公布的利率水平执行。

7. 贷款偿还

1）汽车消费贷款实行按季结息，借款人要按借款合同约定分期还款。

2）借款人约定按月或按季等额偿还本金、按季支付利息。

计算公式为

$$每月(季)还本金额 = 贷款本金 \div 还款期数$$

$$每月(季)应还利息 = 上期剩余本金 \times 贷款利率(月或季)$$

3）利息按照实际使用天数计算，利率按人民银行规定的贷款利率执行。

4）贷款的偿还还可以采用现金、信用卡或储蓄卡的方式。

5）借款人如果提前归还贷款本息，应当提前一个月通知经办行，并征得经办行的同意。

6）借款人提前还款应当亲自在经办行办理手续。

7）借款本息偿还完毕，所签订的借款合同自行终止。经办行在借款合同终止三十日内办理抵押登记注销手续，并将物权证明等退还给借款人。

三、保险及投保技巧

“天有不测风云”，谁都不能保证自己不会遇到意外危险，因此，购买保险就是为了将意外损失降到最低程度。给所购车辆买份保险是很值得的。

1. 汽车保险的概念

汽车保险，即机动车辆保险，简称车险，是指对机动车辆由于自然灾害或意外事故所造成的人身伤亡或财产损失负赔偿责任的一种商业保险。汽车保险是财产保险的一种，在财产保险领域中，汽车保险属于一个相对年轻的险种，这是由于汽车保险是伴随着汽车的出现和普及而产生和发展的。

2. 汽车保险的种类

汽车保险的险种有很多。除了法律规定的必须投保的险种以外，车主可以根据自己的实际情况，选择一些最适合自己的险种进行投保。以下对一些主要保险进行介绍：

（1）第三者责任险　第三者责任险是指保险车辆在使用过程中因发生意外事故造成他人人身伤亡或财产直接损失的，保险公司依照保险合同的有关规定给予赔偿。第三者责任险是购买新车时必须投保的，否则就不能办理上牌等手续，那么新车就不能使用了。

注意，这里强调的是“他人”，也就是第三方。对于保险公司所负的保险责任，在保险合同中是这样规定的：被保险人允许的合格驾驶人在驾驶保险车辆过程中发生意外事故，致使第三人遭受人身伤亡或财产的直接损毁，则保险公司依照《道路交通事故处理办法》和保险合同的规定给予赔偿。

1）“第三者”是指被保险人及其财产和保险车辆上所有人员与财产以外的他人、他物。

所谓“所有人员”是指车上的驾驶人和所有乘坐人员。这些人不属于第三者，但下车后除驾驶人外，均可视为第三者。私人车辆的被保险人及其家属成员都不属于第三者，至于保险车辆上的财产，是指被保险人及其驾驶人所有或其代管的财产，这些财产均不在第三者责任险的赔偿范围内。

2）第三者责任险的保险车辆种类不受限制，即各种机动车或专业用途车辆均可投保，但是无照驾驶的汽车除外。保险车辆的使用包括车辆行驶及停放的过程。

3）保险车辆与未保险车辆相撞，致使未保险车辆上的驾驶人、乘客伤亡或车身装载的货物损坏，属于第三者赔偿责任。如果相撞双方均属于保险责任，那么双方的损失均按第三者责任险处理。如果保险车辆撞毁第三者的车辆或其他财产时，一般需经保险人进行勘察、拍照、鉴定经济损失后，方可处理。

4）保险车辆在装卸货物时发生事故造成他人人身伤亡或财产损失，不在第三者责任险的赔偿范围内。但在不违章的情况下，保险车辆装载的货物在行驶过程中撞伤行人或损失他人财产，可按第三者责任赔偿。

5）赔偿限额的规定。机动车辆的第三者责任，一般不规定赔偿限额。通常情况下，在发生第三者事故时，按照出险地公安、交通部门的规定或赔偿裁决，经保险人核定之后确定赔偿金额。

（2）全车盗抢险　所谓“全车盗抢险”，是指保险车辆全车被盗窃、被抢夺，经公安刑侦部门立案证实，满三个月未查明下落，或保险车辆在被盗窃、被抢劫、被抢夺期间遭到损坏，或车上零部件及附属设备丢失需要修复所需的合理费用，保险公司负责赔偿。

（3）车上损失险　所谓“车上损失险”，是指投保了本项保险的机动车辆在使用过程中，发生意外事故，致使保险车辆上所载货物遭受直接损毁和车上人员的人身伤亡，依法应由被保险人承担的经济赔偿责任，保险公司在保险单所载明的该保险赔偿额内计算赔偿。

（4）无过失责任险　所谓“无过失责任险”，是指投保了本项保险的机动车辆在使用过程中，因与非机动车辆、行人发生交通事故，造成对方人员伤亡和财产的直接损毁，保险车辆一方无过失，且被保险人拒绝赔偿未果，对被保险人已经支付给对方而无法追回的费用，保险公司负责给予赔偿。

（5）车载货物掉落责任险　车载货物掉落责任险是指投保了本保险的机动车辆在使用过程中，所载货物从车上掉下致使第三者遭受人身伤亡或财产的直接损毁，依法应由被保险人承担的经济赔偿责任，保险公司负责赔偿。

（6）玻璃单独破碎险　玻璃单独破碎险是指投保了本项保险的机动车辆在停放或使用过程中，发生本车玻璃单独破碎，保险公司按实际损失进行赔偿。

（7）车辆停驶损失险　保险车辆发生车辆损失险范围内的保险事故，造成车身损毁，致使车辆停驶而产生的损失，保险公司按规定进行以下赔偿：

1）部分损失的，保险人在双方约定的修复时间内按保险单约定的日赔偿金额乘以从送修之日起至修复竣工之日止的实际天数计算赔偿。

2）全车损毁的，按保险单约定的赔偿限额计算赔偿。

3）在保险期限内，上述赔款累计计算，最高以保险单约定的赔偿天数为限。本保险的最高约定赔偿天数为90天，车辆停驶损失险最大的特点是费率很高，达10%。

（8）自燃损失险　自燃损失险是指投保了本项保险的机动车辆在使用过程中，因本车电路、线路、供油系统发生的故障及运载货物自身起火燃烧，造成保险车辆的损失，保险公司负责赔偿。

(9) 新增加设备损失险　新增加设备损失险是指投保了本项保险的机动车在使用过程中，因自然灾害或意外事故造成车上新增设备的直接损毁，保险公司负责赔偿。

(10) 不计免赔特约保险　不计免赔特约保险是指办理了本项特约保险的机动车辆发生保险责任范围内的事故，而造成车辆损失(不含盗抢)或第三者责任赔偿，对其在符合赔偿规定的金额内按责任应承担的免赔金额，保险公司负责赔偿。

3. 投保的技巧

1) 车辆的保险金额要根据新车购置价确定。车辆损失险保险金额可以按投保时新车价值或实际价值确定。但要注意保险金额不得超过车辆价值，因为超过的部分无效。

2) 车上人员责任险。在投保该项保险时根据使用情况投保一个座位或几个座位，如果超过两座，则四个座位全部投保比较划算。

3) 第三者责任险有5万元、10万元、15万元、20万元、30万元、100万元等多个档次，一般来说，投保20~50万元比较合适。

4) 自燃损失险是对车辆因油路或电路的原因自发燃烧造成的损失进行赔付。夏天是汽车自燃的多发季节，车主最好加投一份自燃损失险，做到有备无患。

5) 旧车的全车盗抢险和车上损失险，投保时车辆的实际价值按新车购置价减去折旧来确定，一般每年折旧10‰。但也要注意，按折旧价投保时，出险后保险公司也会按照新车价与折旧价的比例进行赔付。也就是说，如果一部车新车购置价为10万元，按折旧价8万元投保，那么出险后，相应地，车主也只能得到80%的赔款。

附录C　汽车专业术语解读

- 整车装备质量(kg)：汽车完全装备好的质量，包括润滑油、燃料、随车工具和备胎等所有装置的质量。
- 最大总质量(kg)：汽车满载时的总质量。
- 最大装载质量(kg)：汽车在道路上行驶时的最大装载质量。
- 最大轴载质量(kg)：汽车单轴所承载的最大总质量，与道路通过性有关。
- 车长(mm)：垂直于车辆纵向对称平面，并分别抵靠汽车前、后最外端突出部位的两垂直面间的距离。
- 车宽(mm)：平行于车辆纵向对称平面，并分别抵靠在汽车两侧最外的刚性固定突出部位的两平面间的距离。
- 车高(mm)：汽车最高点至地面间的距离。
- 轴距(mm)：汽车前轴中心至后轴中心的距离。
- 轮距(mm)：同一车桥左右轮胎胎面中心线间的距离。
- 前悬(mm)：汽车最前端至前轴中心的距离。
- 后悬(mm)：汽车最后端至前轴中心的距离。
- 最小离地间隙(mm)：汽车满载时，最低点至地面的距离。
- 接近角(°)：汽车前端突出点向前轮引的切线与地面的夹角。

- 离去角(°)：汽车后端突出点向后轮引的切线与地面的夹角。
- 转弯半径(mm)：汽车转向时，汽车外侧转向轮的中心平面在车辆支撑平面上的轨迹圆半径。转向盘转到极限位置时的转弯半径为最小转弯半径。
- 最高车速(km/h)：汽车在平直道路上行驶时达到的最大速度。
- 最大爬坡度(%)：汽车满载时的最大爬坡能力。
- 平均燃料消耗量(L/100km)：汽车在道路上行驶时每百公里的平均燃料消耗量。
- 压缩比：气缸总容积与燃烧室容积的比值，它表示活塞从下止点移到上止点时气缸内气体被压缩的程度。压缩比是衡量汽车发动机性能指标的一个重要参数。一般来说，发动机的压缩比越大，在压缩行程结束时混合气的压力和温度就越高，燃烧速度也就越快，因而发动机的功率也就越大，经济性就越好。但是压缩比过大时，不仅不能进一步改善燃烧情况，反而会出现爆燃、表面点火等不正常燃烧现象，又反过来影响发动机的性能。此外，发动机压缩比的提高还受到排气污染法规的限制。
- 排量：气缸工作容积是指活塞从上止点到下止点所扫过的气体容积，又称为单缸排量，它取决于缸径和活塞行程。发动机排量是各缸工作容积的总和，一般用毫升(ml)来表示。发动机排量是最重要的结果参数之一，它比缸径和缸数更能代表发动机的大小，发动机的许多指标都同排量密切相关。
- 功率：物体在单位时间内所做的功就是功率。在一定的转速范围内，汽车发动机的功率与发动机转速成非线性正比关系，转速越快功率越大，反之越小，它反映了汽车在一定时间内的做功能力。以同类型汽车作比较，功率越大转速越高，汽车的最高速度也越高。发动机的输出功率同转速有很大关系。随着转速的增加，发动机的功率也相应提高，但是到了一定的转速之后，功率反而呈下降趋势。一般在说明发动机的最高输出功率的同时标出每分钟转数(r/min)，如73.5kW(5000 r/min)，即5000r/min时最高输出功率为73.5kW。
- 转矩：使物体发生转动的力。发动机的转矩是指发动机从曲轴端输出的力矩。在功率固定的条件下，它与发动机的转速成反比关系，转速越快转矩越小，反之则越大，它反映了汽车在一定范围内的负载能力。发动机转矩的表示方法是牛·米(N·m)。同功率一样，一般在说明发动机最大输出转矩的同时也标出转速(r/min)。
- 涡轮增压(Turbo)：涡轮增压简称Turbo，如果在轿车尾部看到Turbo或T，即表明该车采用的发动机是涡轮增压发动机。

  涡轮增压发动机实际上就是空气压缩机，通过压缩空气来增加进气量。它是采用发动机排出的废气惯性冲力来推动涡轮室内的涡轮，涡轮又带动同轴的叶轮，叶轮压送由空气滤清器管道送来的空气，使之增压进入气缸。发动机转速增快，废气排出速度与涡轮转速也同步增快，叶轮就压缩更多的空气进入气缸，空气的压力和密度增大可以燃烧更多的燃料，相应地增加燃料量就可以增加发动机的输出功率。

  涡轮增压器的最大优点是在不加大发动机排量的情况下就能较大幅度地提高发动机的功率和转矩，一般而言，加装增压器后的发动机的功率及转矩要增大20%～30%。涡轮增压器的缺点是滞后，由于叶轮的惯性作用对节气门骤时变化反应迟缓，使发动机延迟增加或减少输出功率，这对于要突然加速或超车的汽车而言，瞬间会有点提不起劲的感觉。

- 发动机防盗锁止系统：由于汽车门锁具有一定的互开率，降低了汽车的防盗功能，因此人们开发了发动机防盗锁止系统。对于已装有发动机防盗锁止系统的汽车，即使盗车人能打开车门也无法开走汽车。典型的发动机防盗锁止系统是这样工作的：汽车点火钥匙内装有电子芯片，每个芯片内都装有固定的ID（相当于身份识别号码），只有钥匙芯片的ID与发动机一侧的ID一致时，汽车才能起动，相反，如果不一致，汽车就会马上自动切断电路，使发动机无法起动。
- 防抱死制动系统（ABS）：ABS是Anti-lock Braking System的缩写。世界上最早的ABS系统是首先在飞机上应用的，后来又成为高级轿车的标准配备，现在大多数轿车上都装有ABS。

  众所周知，制动时不能一脚将制动踏板踩到底，而应分步制动，一踩一松，直至汽车停下，但遇到紧急制动时，常需要汽车紧急停下来，很想一脚到底就把汽车停下，这时由于车轮容易发生抱死不转动，从而使汽车发生危险，如前轮抱死引起汽车失去转弯能力，后轮抱死容易发生甩尾事故等。安装ABS就是为解决制动时发生车轮抱死这个问题的，装有ABS的汽车，能有效控制车轮保持在转动状态而不会抱死不转，从而大大提高了制动时汽车的稳定性及交叉路面条件下的汽车制动性能。ABS通过安装在各车轮或传动轴上的转速传感器等不断检测各车轮的转速，由计算机计算出当时车辆滑移率（由滑移率来了解汽车车轮是否抱死），并与理想的滑移率相比较，做出增大或减小制动器制动压力的决定，命令执行机构及时调整制动压力，以保持车轮处于理想的制动状态。因此，ABS装置能够使车轮始终维持在有微弱滑移的滚动状态下移动，而不会抱死，达到提高制动效能的目的。
- 电子制动力分配系统（EBD）：EBD能够根据汽车制动时产生轴荷转移的不同，而自动调节前、后轴的制动力分配比例，提高制动效能，并配合ABS提高制动稳定性。汽车在制动时，四只轮胎附着的地面条件往往不一样。例如有时左前轮和右后轮附着在干燥的水泥地面上，而右前轮和左后轮却附着在水中或泥水中，这种情况会导致汽车在制动时四只轮子与地面的摩擦力不一样，制动时容易造成打滑、倾斜和车辆侧翻的事故。EBD的高速计算机在汽车制动的瞬间，分别对四只轮胎附着的不同地面进行感应、计算，得出不同的摩擦力数值，使四只轮胎的制动装置根据不同的情况以不同的方式和力量制动，并在运动中不断高速调整，从而保证车轮的平稳。
- 牵引力控制系统（TCS）：TCS又称为循迹控制系统。汽车在光滑路面上制动时，车轮会打滑，甚至会使转向失控。同样，汽车在起步或急加速时，驱动轮也有可能打滑，在冰雪等光滑路面上还会使转向失控而出危险。TCS就是针对这个问题而设计的。

  当TCS的电子传感器探测到从动轮速度低于驱动轮时（这是打滑的特征），就会发出一个信号，调节点火时间、减少节气门开度、降档或制动车轮，从而使车轮不再打滑。

  TCS可以提高汽车行驶的稳定性，提高加速及爬坡能力。原来只是在豪华轿车上才安装TCS，现在许多普通轿车上也有。

  TCS如果和ABS相互配合使用，将进一步增强汽车的安全性能。TCS和ABS可共用车轴上的轮速传感器，并与行车电脑进行连接，不断监视各轮转速。当在低速情况下发现打滑时，TCS会立刻通知ABS来减低此车轮的打滑程度；当在高速情况下发现打滑时，TCS 立即向行车电脑发出指令，指挥发动机降速或变速器降档，使打滑车轮不再打滑，防止车辆失控甩尾。

- 电子稳定系统（ESP）：电子稳定系统（Electronic Stablity Program，ESP）是由奔驰汽车公司首先应用在其 A 级车上的。ESP 实际上是一种牵引力控制系统，与其他牵引力控制系统相比较，ESP 不但可以控制驱动轮，而且还可以控制从动轮。例如，后轮驱动汽车常出现的转向过多情况，此时因后轮失控而甩尾，ESP 便会制动外侧的前轮来稳定车子；在转向过少时，为了校正循迹方向，ESP 则会制动内后轮，从而校正行驶方向。ESP 就是针对此问题而设计的。
- 驱动防滑系统（ASR）：防止车辆尤其是大功率的车辆在起步、加速时驱动轮打滑的现象，以维持车辆行驶方向的稳定性，保持好的操控性及最适当的驱动力，保证行车安全。
- 电子差速制动（EDS）：在汽车加速的过程中，当电子控制单元根据轮速信号判断出某一侧驱动轮打滑时，EDS 就自动开始工作，通过液压控制单元对该车轮进行适当强度的制动，从而提高另一侧驱动轮的附着利用率，提高车辆的通过能力。当车辆的行驶状况恢复正常后，电子差速锁即停止工作。
- 主动车身控制系统（ABC）：该系统使汽车对侧倾、俯仰、横摆、跳动和车身高度的控制都能更加迅速、精确。车身的侧倾小，车辆外倾角度变化也小，轮胎就能较好地保持与地面垂直接触，使轮胎对地面的附着力提高，以充分发挥轮胎的驱动制动作用。ABC 的出现克服了悬挂设定舒适性和操控性之间的矛盾，最大限度地接近消费者对车辆在这两方面的要求。

参 考 文 献

[1] 刘同福，陈东升. 汽车推销高手全攻略[M]. 北京：机械工业出版社，2007.
[2] 李平. 汽车销售实务[M]. 北京：人民交通出版社，2007.
[3] 张国方. 汽车市场营销理论与实践[M]. 北京：人民交通出版社，1995.
[4] 张国方. 汽车营销[M]. 北京：人民交通出版社，2005.
[5] 吴健安. 市场营销学[M]. 北京：高等教育出版社，2000.
[6] 宋润生. 汽车市场营销[M]. 广州：华南理工大学出版社，2007.
[7] 李福学. 汽车市场营销策划与实务[M]. 大连：大连理工大学出版社，2006.
[8] 顾青. 市场营销[M]. 大连：大连理工大学出版社，2006.
[9] 高燕云. 简明市场营销学教程[M]. 北京：北京交通大学出版社，2006.
[10] 张国方. 汽车配件销售员培训教程[M]. 北京：人民交通出版社，2000.
[11] 钱东人. 网络营销[M]. 北京：高等教育出版社，2002.
[12] 杨立旺. 汽车保险投保与理赔[M]. 成都：西南财经大学出版社，2002.
[13] 王在祥. 汽车消费信贷[M]. 北京：机械工业出版社，2006.
[14] 王志东. 汽车销售业务员培训教程[M]. 北京：中国劳动社会保障出版社，2005.
[15] 莫远. 汽车维修业务接待员培训教程[M]. 北京：机械工业出版社，2005.
[16] 张玉亭. 英汉双向汽车词典[M]. 上海：上海交通大学出版社，2006.
[17] 李红伟. 市场营销[M]. 北京：北京大学出版社，2006.
[18] 赵慧军. 管理沟通[M]. 北京：首都经济贸易大学出版社，2003.
[19] 韩经纶，韦福祥. 顾客满意与顾客忠诚互动关系研究[J]. 南开管理评论，2001(6).
[20] 黄文恒. 现代推销实务[M]. 北京：机械工业出版社，2010.